**VARASEK
EDICIONES**

**POESÍA
VIAJES &
ROCK'N'ROLL**

año*

Marcos Canteli

**VARASEK
EDICIONES
BUCCANEERS**

año*
Marcos Canteli

© de la obra, Marcos Canteli

© de la presente edición y derechos en
castellano, Varasek Ediciones
C/Cava Baja, 24
28005 Madrid
www.varasekediciones.es

Dirección artística:
Beatriz Ruibal

Diseño de la colección:
Jaime Narváez

Maquetación:
Santamarina Diseñadores

1ª edición, Madrid, 2024
ISBN: 978-84-126955-4-0
D.L.: M-2206-2024

POESÍA

Beatriz Ruibal, de la serie *Inventario*
Colección Minerales de Antonio Gamoneda, 2023

INDICE

mientras gobiernan mis días

de enero

si es domingo

día de

barcas

si amas la vida

ella te cor

si es domingo

ella te cor

responderá

responderá

el proximo lunes

medialuna

medialuna

félix eufrasio

ah la mayestática

igualdad

del derecho

¿aniversario?

ah la mayestática

hablar

sin antibióticos

¿aniversario?

caridad por las calles y

[dormir

bajo los puentes toda la

[vida

aprendiendo

a vivir

ah la mayestática

¿aniversario? ah la

desgracia

de abrazarse

a uno mismo

madrid

martes

mauro

pero con paco

ramen

pero con paco

códigos

la democracia es el menos

malo

códigos

te esperan

en casa

próximo

lunes luna

ausente

perich

perfectamente posible

empeorar

la

si hubiera una sola verdad

es que yo noto

aquí

madrid miércoles

que hago viento

cuando corro

me duelen

los pelos

aquí

aquí

era

madrid miércoles

estefanía

marcelo

ariel moisés

mínimos medios

miércoles

abraham

no urces ni hollejo

abraham laboratorio

de creación

ni labio blanco

mínimos medios

cruz

si hubiera una sola verdad

villegas

trabajar con lo inesperado

no se podrían hacer

cien lienzos duelen

los pelos

aquí

si hubiera

una sola

verdad

comer de lo que hay

el 17 de enero

comer de lo que hay

hoy

comer con

devoción

por san antón

la bendición

nos hace bien

a todos

comer de lo que hay

el derecho

el derecho a equivocarse

lo va uno perdiendo

con los años

el derecho

comer de lo que hay

hoy

lo que eres lo que

eres

alergia fractura de tobillo

carmena como lección

de humildad

hoy

es que quedan un poco mal

nos hace bien

las personas con las orejas

quedan un poco mal

bien posmedia

la bendición

nos hace

bien

es que quedaría mejor

si oyeses

por la frente

comer

no vivas

para que tu presencia

se note bob

mínimo

punto

provisionalidad

recíproca

poca

cosa

kondo

manía

castañas

flânerie

y castañas

dr.

fourquet

como

por fortuna tenía

un trabajo pude

experimentar

kaprow

solo una vez

para que tu ausencia

se sienta

bob kaprow

paciencia y pensamiento
levemente tachados
ritual ritual ritual
próximo lunes
semáforo de puesta ocaso
                    [de sol
luna blanca
que el proceso ilumina
que el proceso ilumina
aznar iluminado
        [iluminando
la arrogancia
de los simplistas
la mayoría de los hombres
que aman a las mujeres
están amando a una sola
ritual ritual ritual
~~buen gesto~~
~~mal gesto~~
próximo lunes
luna blanca
fe?
no dejes
el prado
que entre
las 4:33 y las 7:51 horas

de la madrugada
del lunes
será visible
un eclipse
total
de luna
ser
en
i
dad
el hombre
que difiere su acción
fran waylon outlaws
            [forajidos
aeropuerto de domingo
carabineros
fabián sebastián
error y acierto
para seguir
no dejes el
no dejes
nadadenada
y algo
en palma y san sebastián
seguramente en estados
            [unidos

nadadenada
nadie duerme en la
                    [carretera
que según john donne lo
                    [conduce
al patíbulo la decisión
equívoca
tinta china no
calendario como brújula
calendario del contribuyente
                    [y la
no especialización
yuxtaponer
la pregunta al revés
al patíbulo la decisión
nadie duerme
hoy la luna emborronada
qué era hoy?
martes
del miniaturista
felino y marino marina
                    [culebra
reverencia profunda
del azar al fracaso
como estado de ánimo
infra

llorones!
infra
flânerie habitats
menos artísticos
más vitales lavapiés
parece
un día claro
en madrid
enero
en miércoles
la bendita ignorancia
por primera
vez
¿quién es el hombre
más inútil?
ildefonso kaprow goethe
                    [carlos
por primera
vez no tiene
la menor oportunidad
bonita cruz
en día claro
infra
que no sabe mandar
ni obedecer
había visto atardecer

antes del
24 de enero
había visto atardecer y
no hay
jóvenes y viejos sólo hay
[jóvenes
y enfermos don
pedro jonas
no buscaba
nada
era feliz
contra el virtuosismo
experimentación
cavar cavar cavar
los 365 días
no tan únicos
los momentos de cada uno
con las vidas
de todos
algo se refleja
sushi night
mekas
queda
madrid enero viernes
elvira no sino
pablo

si las flores
escuchan llorenç
la montaña
manda
mineros
mineros
nuestro paseo
volátil dos
hay un
retrato por la espalda tuyo
[tuya
hay dos
sombras
que desde hace tanto
van juntas
fuimos al botánico
a escuchar
a escuchar
a escuchar nosotros
las flores
si el sol era una flor
el próximo domingo
la luna parecía
una puerta
flor de madrid
flor de enero

flor de sábado
paula
no necesitas saber
nada más
borde
arte
ninguna cosa es
nada
j.m.
mi querido bernardo
sanjurjo decía
aunque en meses
no lo viera
hoy
la obra de arte no puede
                    [estar
quieta
es la vida
no necesitas saber
nada más
mi dulce
domingo de enero en
                    [toledo
la mejor vaina
para mi espada media
luna spiderman

a la vuelta el hígado
de mi enemigo el miedo
tibetano proverbio media
luna arcos y espadas y en
                    [toledo
la vida es prenda a ver
qué pone hoy
este simultáneo próximo
lunes luna
llena si el furor
contiende si
simultáneo
simultánea fiesta diaria diría
lucano
que quien más la desprecia
en más la vende
este martes
de siempre
hacia el año 2000 a. c.
el fin de los tiempos
estaba próximo
los hijos no escuchaban ya
los consejos de los
mayores
caldeos josé ignacio
                    [siempre

sensible siempre fui
sensible
y los saludos como
lubricantes
azar este lunes
luna
de siempre
luna lunera la poesía
de wallace
stevens
makes susan
howe happy
nel mezzo del cammin
que sí porta verdad
seis de seis
plástico franquicia selfie
no es esto
un selfie?
vamos matando
la vida
en la ciudad de sylvie
vida
luna llena
tu
mitad
que sí porta

verdad
la imagen que no
está
aquello
en lo que nos convierte
resabio
la imagen que no
está la imagen
que no
jueves
madrid
relacionado
ariel ariel yo
como hank williams

de febrero

viernes de gambas
a la plancha antonio
la vida es un espectáculo
fillou robert fillou hijo
hijos míos cantaría
la vida es
un espectáculo
magnífico sweet old
world lucinda mira
lo que dejas
acidez y manzanilla
dormir sin miedo
y despertarme
sin angustia
aperitivo antonio
letra helvética por todos
                    [lados
spiderman si puedes
luna de lunes llena
dormir sin miedo
y despertarme
este sábado

eso no es talento
y aún así
todo parece
no tener
límite
oviedo 2
cádiz 1
humedades
y sonido periférico
algo de paco
y dar la medida
que no se entiende
lunes en que nada
debería ser
nombrado viejos mods
en casa
madrid
moët chandon ice imperial
            [o no rosé un poeta
rosa
un poeta
busca se encamina al sentido

en la lengua david
antin nadie
debería ser
nombrado no dejes
el prado
es el año
del cerdo
chino
consulta el ojo
de tu
enemigo
compadrito mamá
no dejes
el prado
carlos otero are we
human? imagina
un selfie
colectivo
ver velázquez la venerable
madre
jerónima de la fuente 1620
                    [un seguidor
del greco ver su julián
romero y su santo
patrono de 1612
el diseño nos

humaniza un selfie
colomina
wiggly serpenteo de agua
bendita
y tú
tú misma
la desconsideración
lo de
menos
es más
de mies
miriam
eu falo
galego
cando quero
quererlas como ellas
se hacen mi pésame richard
                    [borg mcenroe
vuelven volver
pero lo que no
vuelve pésame y nunca pidas
que las cosas se hagan
quererlas como ellas se hacen
mi elipsis epícteto pésame
                    [este tenis
deviene hoguera salvo

por lo celeste
por lo celeste tachado a un
[año
casi de hoy
onward!
el flujo como
responsabilidad
crearte cada
día
un alma
rey
reinaldo
reinando
felipe
que nadie
espera
onward!
las cosas llegan
cuando tocan
toca sufrir como una
[hormiga
antes de ser
un dragón
dicen los chinos
toca colón los que van a
[colón

se piensan
que han descubierto
españa
así toca mercado
lourdes de lunes
lourdes de febrero
laurence de
si no sabes
dónde vas
¿vas al cole?
fantásticos partidos
cañitos chilenas tijeras
acabarás en otra parte
[mañana
un jaiku
un sendero
crisis es
isidoro isi
doro cosas
por resolver
hermes subrayo
un jaiku
toda la noche
la del sursuncorda
y ahora frío en la cara
la cara en madrid

el 12 de febrero
era martes y santa eulalia
era de mérida
y allí vivía
o dos
benigno es
era
el trino retardado
la
mitad
de sus
errores
cógete un bombón
o dos
total son del otro
día siete veces cae el justo
ni bien ni mal
ni bien ni mal
ni bien ni mal
ni bien ni mal
sino todo
lo contrario
por el contrario
se precipitan
en la maldad
por el contrario sería

un eclipse
madrid
viernes
el pudor
el pudor es una virtud
relativa
balzac parra yo
pensé que ya no se podía
decir
yo
pero parece
que se puede
por eso te angustias
por eso te angustias
lo que pasa es que te ha ido
demasiado
bien en la vida
muchacho
don
nica
paseo
y la multiplicación
de
querer
el 18 de febrero
el disfraz

de
palabras
misteriosas
larva
cuando ya
se ha ido
todo el mundo
quiero
dejo
que me sucedan
cosas
escuela escuela
y rebuznos ejemplares
no se puede ser hombre
hasta los 15 años
y luego
hacerte mujer
mayor
oreja
escuela escuela
que tu alegría
no sea fruto
más que tu
fruto
mamá papá
esto que yo

te digo
también
está
en la historia
está
están
apoderarnos de
las cosas despojarnos
dragones más
mañana
facilitar un proceso
para que
algo pase
o pueda pasar
decirlo sin énfasis ni
                    [gravedad
que nadie está
libre de decir
estupideces
dice montaigne
podrían ser
dragones
cuando se separan
llora moisés
poder
no hacer

no rendir
atiza
defensa
atiza
té
sencha
roma roma
hasta el punto de dejar
de serlo
solo escribo
calendarios
anoto
pesapalabra
homeless parra
guayaba
malanga
hormigas
por la cabeza
honorina go home
poetas en billetes
rosalía 500 pts
juan ramón 2000
bécquer 100 pts
cervantes 1000 pts
quevedo 25, 50 y 100 pts
darío 1000 córdobas

sor juana 200 pesos
vallejo 1000 indis
esforcémonos de modo que
[cada
uno
de nosotros
pueda
considerarse a sí
mismo
como artífice
planear proyectar
y no
el hombre vulgar lo bueno
y lo malo
lo espera
de sí
mismo mi única
lengua vicuña
el borrón

de marzo

el 1 de marzo es una
[sombra enorme
cuando tienes dinero adiós
[ernesto parece
sábado todo
el mundo olvida
quién eres
2 de madrid
marzo
sábado simplicio
come sano
entrena feliz
etc. a pikachu
le salen rayos
de los mofletes
luna del miércoles
ten compasión
del soberbio
fuerte olor
a quemado
en toda
la región madrid

segovia mañana no
vale tita
cervera vs jfk
lo que hace perder
las batallas es la
imaginación napoleón
[emeterio celedonio
esas
flechas si se cruzan
de segovia
no sé si recuerdo
el juego
de ponerse
límites
a uno mismo
reconquista
del cuerpo
mascarillas nocturnas
actividad actividad
como miedo
el puritanismo
carlos carnaval

estudio y lamprea
caída caída
podría hablar de olegario
el taxista pero poco
más o de miriam por
                [sorpresa
no he ido a arco me he
                [perdido
al nuevo duchamp
viene el día atravesado
de lenguaje
un lenguaje no
examinado
de lengua conjetural quien
                [tenga
oreja que escriba
la poesía estaba hecha para
                [que sonara
el lenguaje o algo así
comiéndose el lenguaje
                [comiendo
con montalbetti el
vino de la casa
en o curruncho
con micaela inés con josé
                [ignacio

felicidad perpetua
solo que ahora
mira qué día
trazo morado mujer
pocas cosas tengo
en la cabeza
minutos largos
años breves
flecha y cruz nubes rojas de
                [lacre
memory
total la tórtola
el resto
del mundo escribo para no
                [estar
solo
como tiovivo como tulipán
sin cáceres
con parra
parra es otra cosa amor
propio
escapan
a los ojos
lunes de huella
ensangrentada
todas hieren

reloj de sol
la última mata
de nuevo el amor
propio
buen amigo
eres
lo que escuchas un graffiti
[todos
ponen su nombre
con letras raras
hd michi
rey gabi lo atemporal
se desvive por contemplar
but the only words
i said today
were beer and thank you
beer and thank you
tengo un sujetador
de hace un año y un
[sujetador
de ahora
cuando consiga ponerme
[el sujetador
de hace un año
el músculo galgo
los afectos de ernesto

nunca faltará
motivo
de diversión
sábado y sombra
no
de
jes
el
pr
ad
o
en madrid
de patricio patricia
cambio de fechas
aquel st. patrick's
en chicago
dónde ya
salvador
llora
llora porque toda mirada
así que llora
con dickens
ullán
abre los pulmones
lava el semblante
el día del padre es

bleu
con viktor el hombro de ale
energúmeno de las nieves
ya encontré el recibo
la extraña firma
del día
había ido a santiago
mouchos
curuxas
camino recto
camino erguido
por lo segao
ah y la primavera
de todo lo que me
      [encuentro
el agua es el camino
pontevedra lameiro
sagrado ciervo
marca el paso
del tiempo la vida
o la noche el sol
entre las astas
animal que guía
psicopompo
la primera curva
es negra

cuando hay carrera
estas listitas de colores
la agenda
on nothing
mudos nada y palangana
edelmiro lengua
en mi memoria sino me
      [corrige
e del río lenguaje
el día
casero
topgun mal oviedo nada
de nada
en la memoria
río
encarnación
verosímil de árbol
naranja
de ardilla
en
gato
dice kaurismäki que
cada uno decide
si damos patadas o
      [matamos
a los que no tienen

nada a nuestros vecinos
o les ayudamos con un poco
de pan y vino
tinto
martes en cruz
como yo digo nunca mejor
[dicho
se necesita un político
que haya sido torero
como yo digo abellán nunca
mejor dicho
ruperto
era el niño burrito
del cuento
de ir al cole
chris wool
anne-lis coste
twombly
ayer néstor
san miguel-diest
sangre y vagal
todavía
dibujar con sangre
en el ojo
como guillermo
núñez pulsiones y estímulo

entras con rancheras
y sales
de la barbería con
[rancheras
contrarreloj
todo llega
cova
panadera borracha
y amiga de los hombres
as sardiñas volverán
que el amigo se siente
isidoro
con hueso en la boca
preparativos rugby y
[estómago
ya tú sabes
américa américa
venir solo
para traerte conmigo

de abril

la piel viva y el azul nc
en durham
que me den seis líneas
          [escritas
y benito
con sinceridad
a veces
yo tampoco entiendo
la letra el sol
de canto
el cansancio
copitos
de nieve parecen pero la luz
no
durham
de
sinceridad desdentada
aquel atardecer
mudan el cielo
que en todo
se refleja
take it

easy baby
make it last
all night
bye
durham
bye y las
tonterías
del mundo
volver siempre
con la frente
madrid querido tan eso de
          [jabois
de terracita aceitunita
     [vinito y coleguita
y cada poco
una guerra civil
estamos en la hipocresía
como rivera
un hormigueo
como si tuviera pezuñas
aquel que más se adapta
a los cambios sabe

abascal confirma a darwin
       [que el cambio
climático existe
desde que existe
el hombre
ni discernir
sor juana podía
todos ustedes se están
       [muriendo
westphalen da noticia
negra y definitiva
invoca a dios
pero no navegues
ahí corto el proverbio
madrid miércoles
allá
vamos
seguir lo que es
uno
inútil cambiar
esto ¿para qué?
para hacerlo
¿por qué?
porque
julio florentino dolores
son tres óvalos

tres piedrinas
almost there
almost there
almost there
como el café o las castañas
este sábado
ovalo que se escapa
si la miras
la luna
se mueve ¿dónde
estás tú? ser soy
un espíritu
de cansancio cansancio
[cansancio
forrest tiempo después
el que ya ha pasado
hace ya un siglo
ardía notre dame
uno se abraza
a un árbol
cada uno está solo
o la silla equivocada
fer marta
la meta
partir
¿perfecto

o poca cosa?
el que quiere
en esta vida
sale o no sale
¿qué devoción?
sulpicio soledad
la duda
encadena óvalos
sin decir
óvalo
punteado
de colores
como música
de resurrección
esto de hacer
las cosas
en directo
no debe cambiarse
el caballo
y no queremos
ser
nosotros
al cruzar
el río ¿exigencia
del lenguaje?
move

from one thing
to another
el bailarín corazón
crece
las manos
suturan
¿catarsis sonoras?
vamos
llegando
mi dulce
dos oídos
y una boca
dos oídos
y una boca
el lenguaje
es lo
que
es
perseverancia
en la vehemencia
o artificio
perseverante
desaparecido
miguel
suárez el ruinas
no dejes el

prado sin
caballos
pr
im
ro
se
ya
un óvalo
azul
y un óvalo
amarillo
se entrelazan
espero hasta que
no quede
nada que esperar
la vida
no es
ningún error
tampoco
la música
blixa y
cosas
para mí
mismo
ya en las antiguas
meditaciones

volar
la pelota
la maraña
oscura
adentro
óvalo
piedra
que cumple
paisaje
esta saudade
madrid
previa
necesitamos un testigo
no un oyente

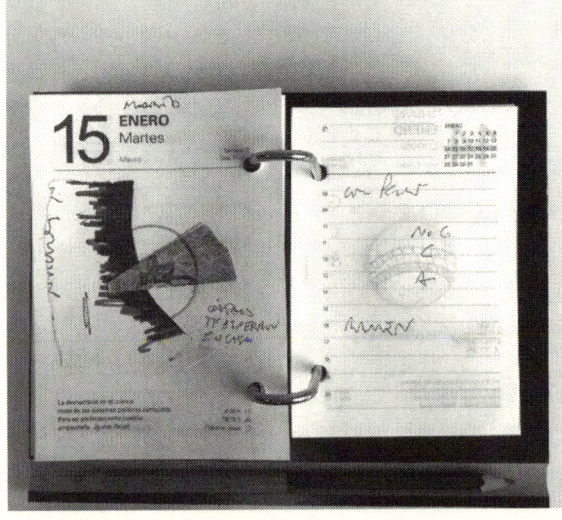

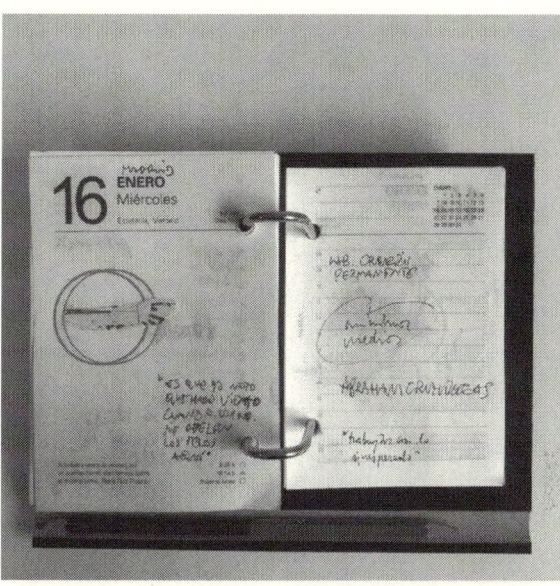

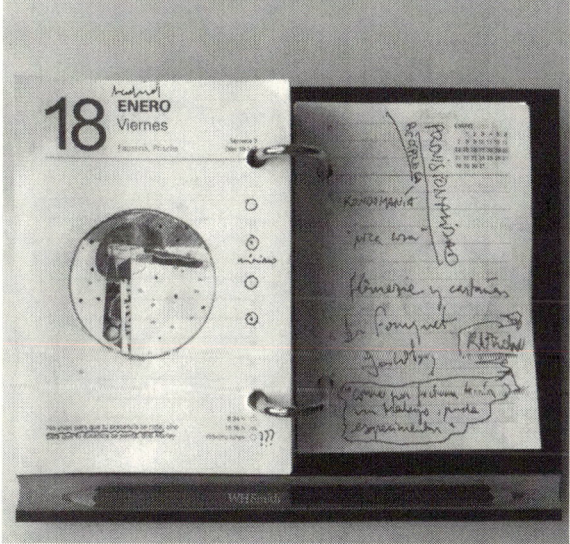

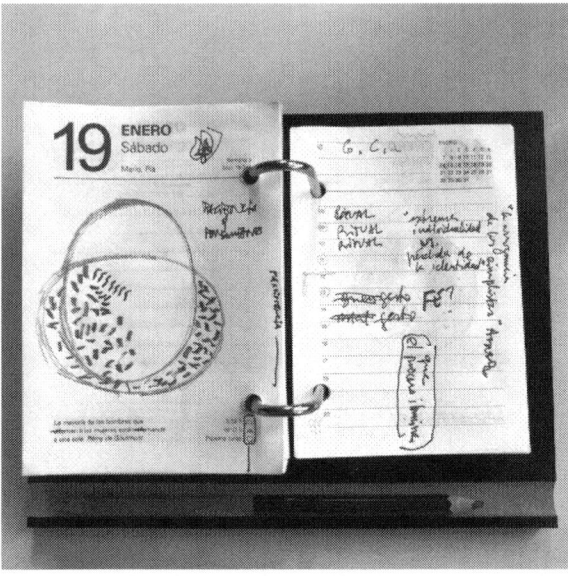

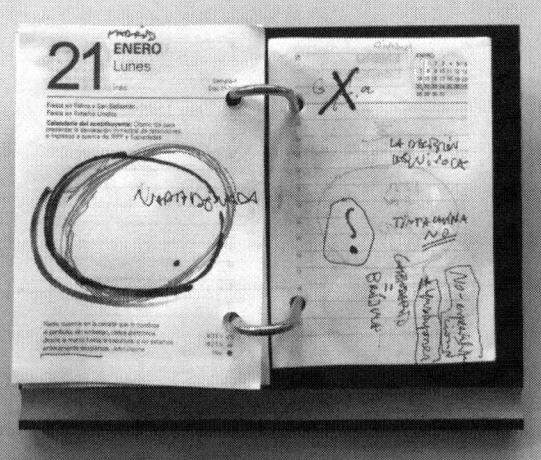

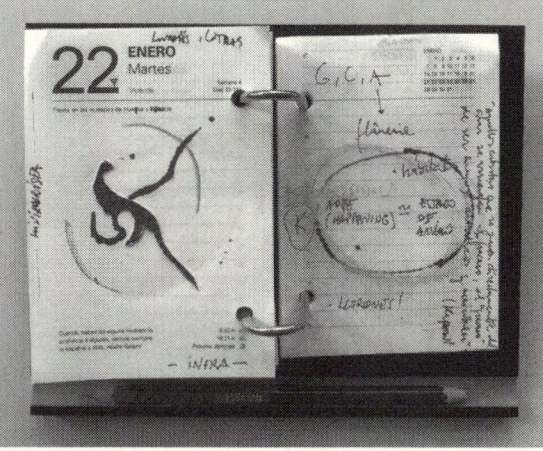

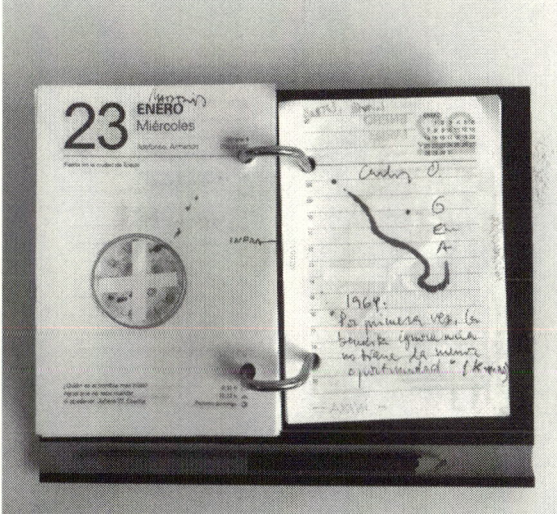

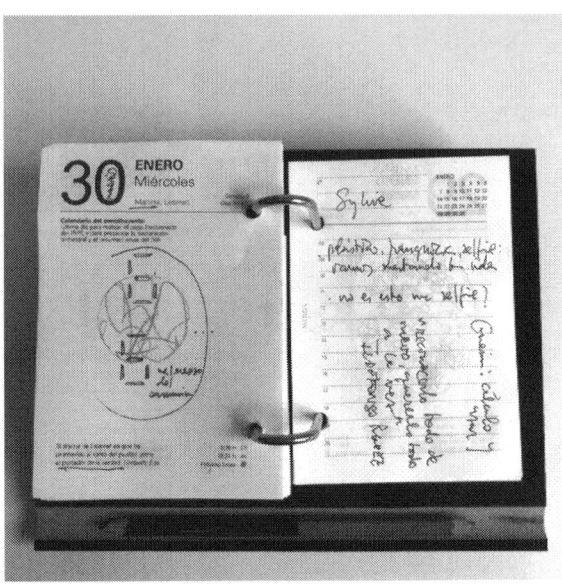

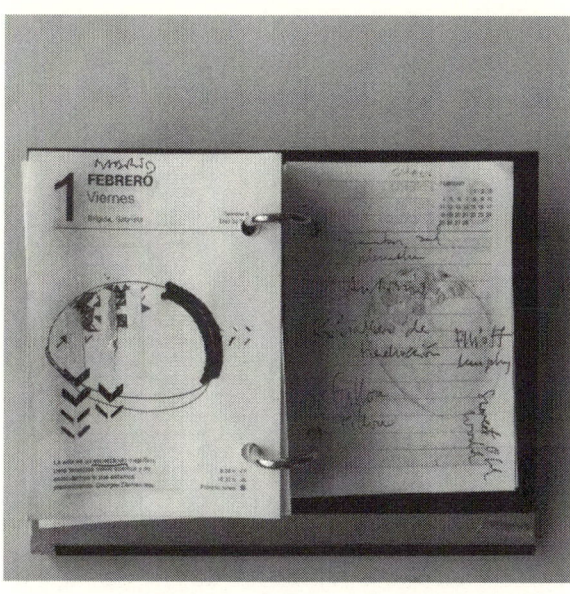

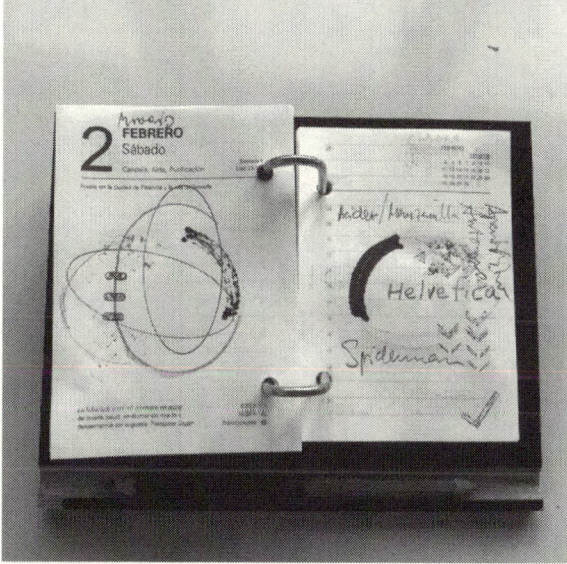

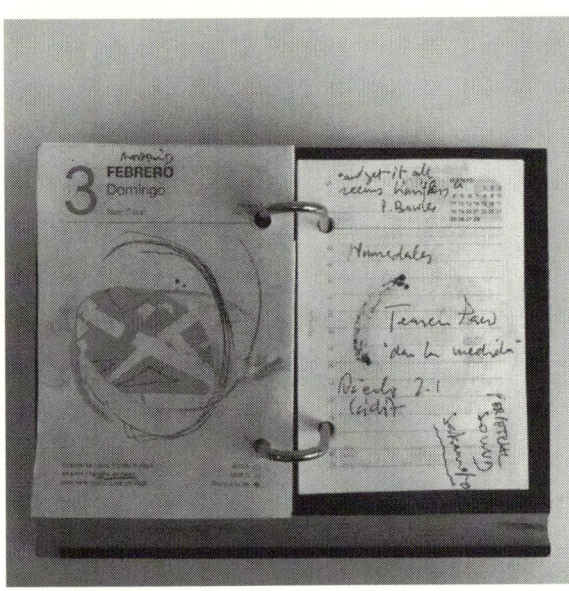

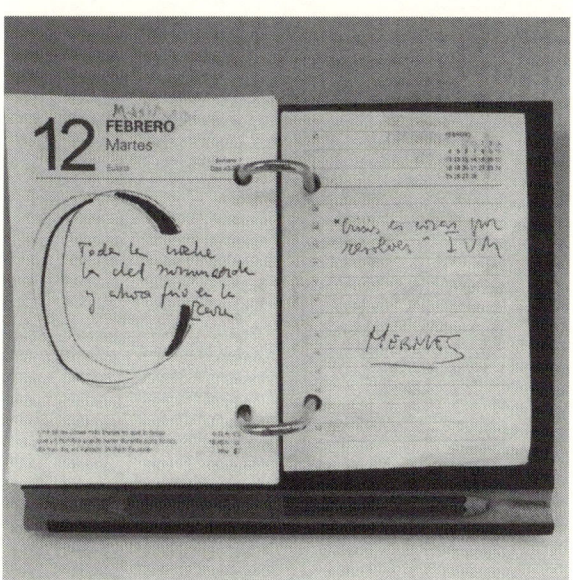

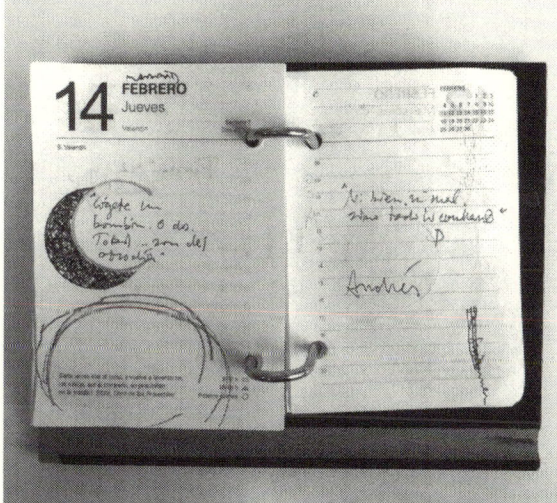

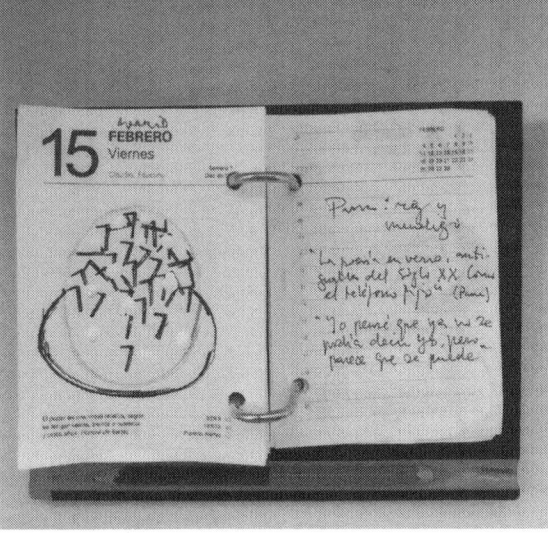

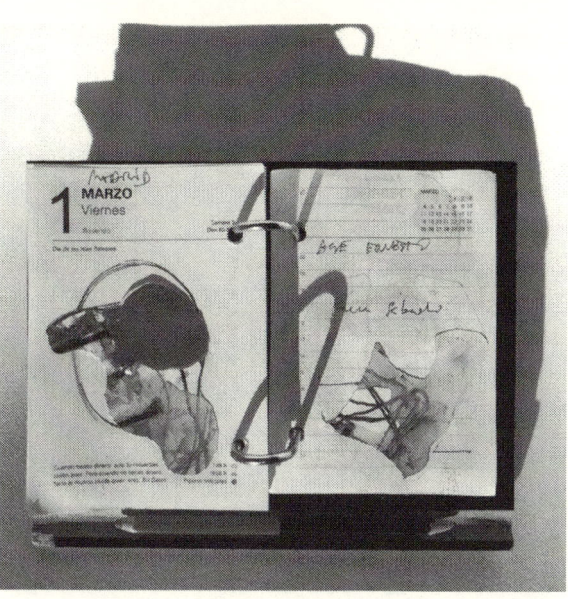

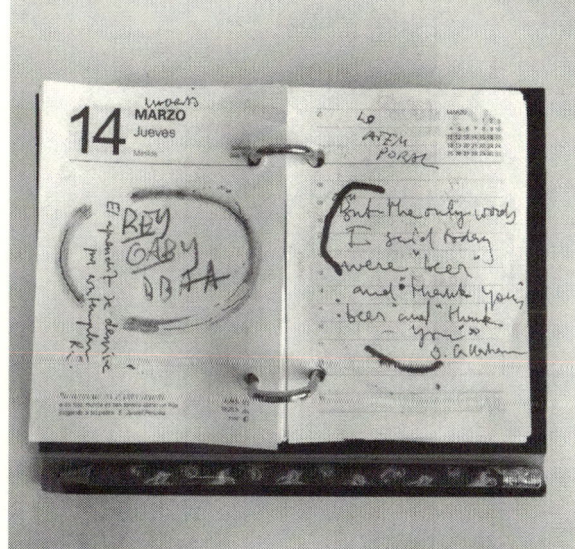

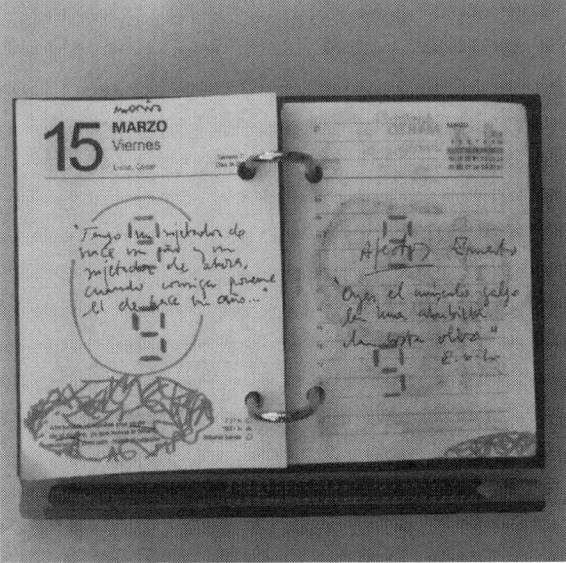

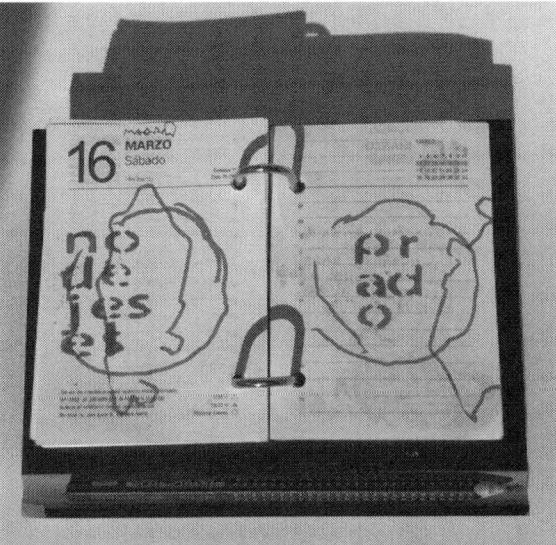

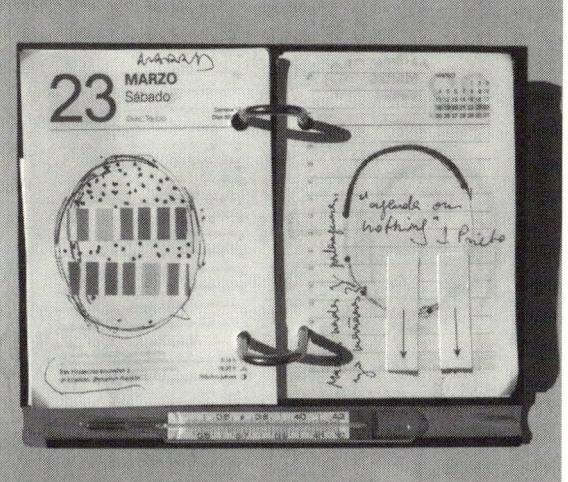

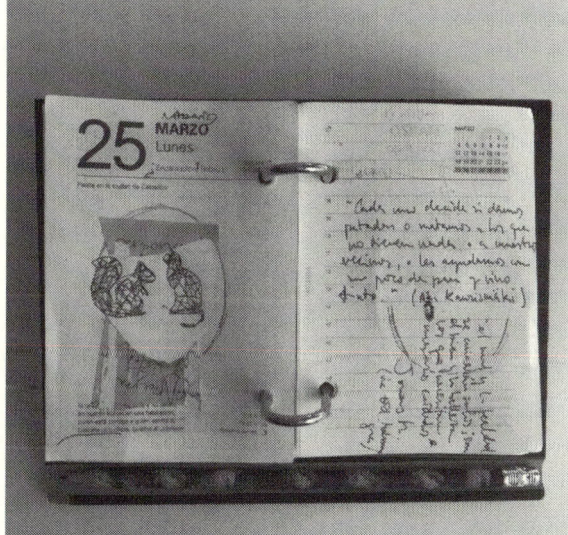

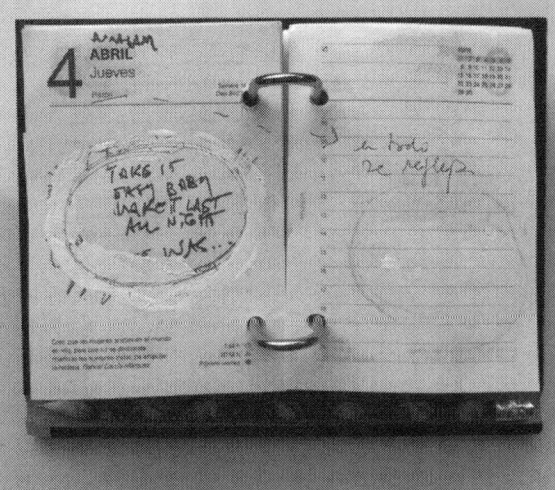

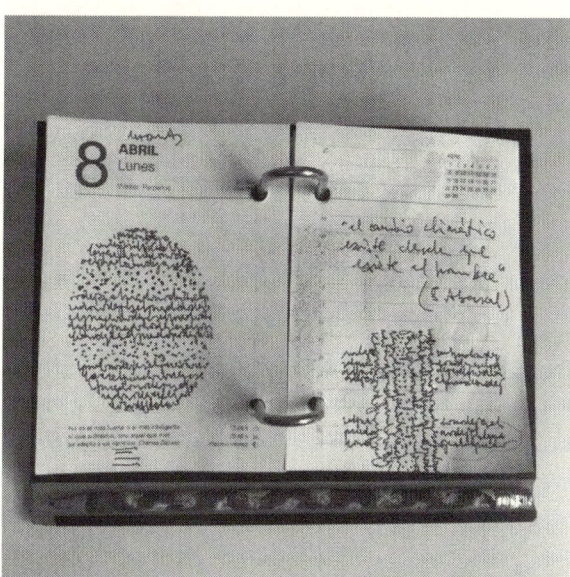

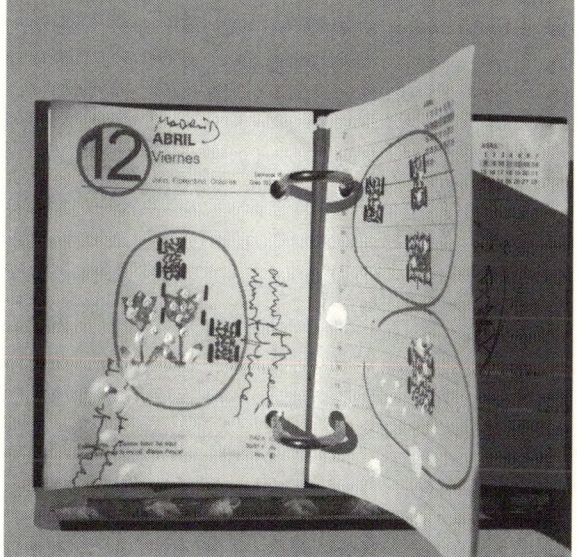

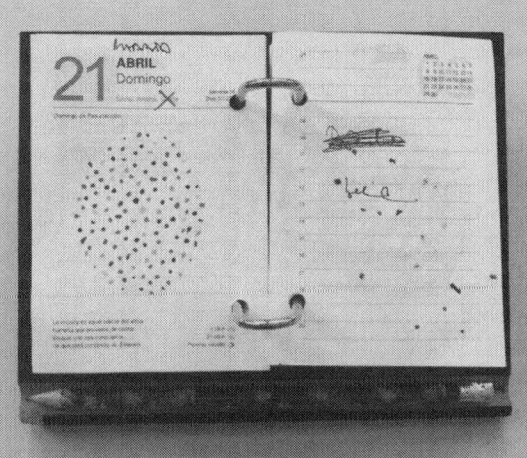

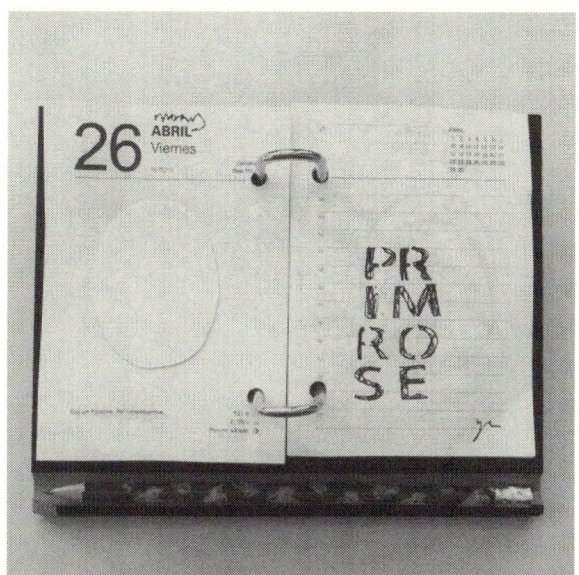

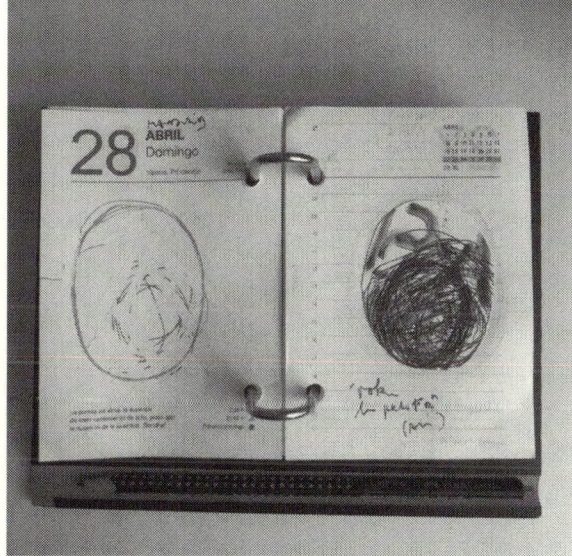

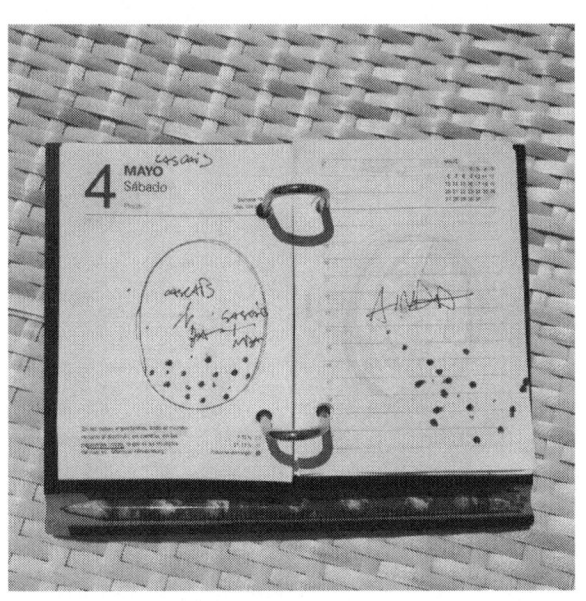

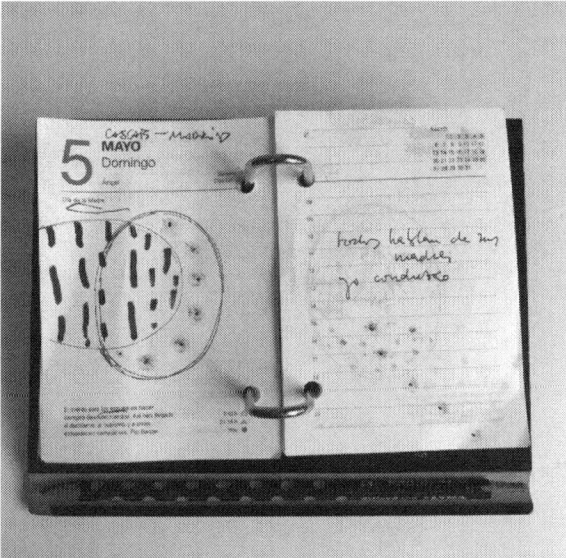

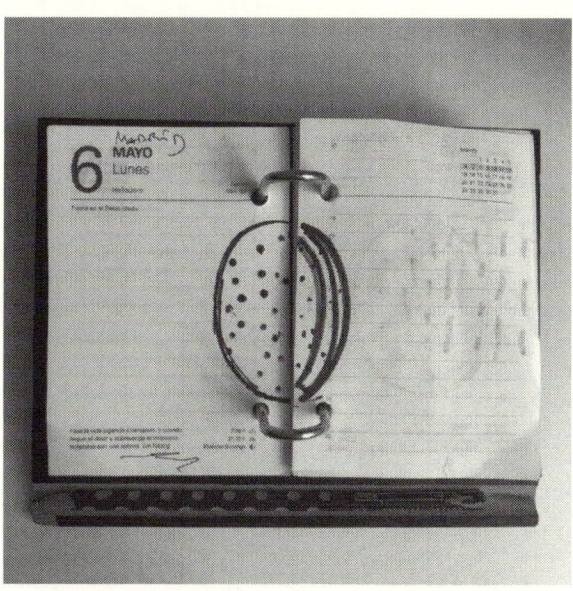

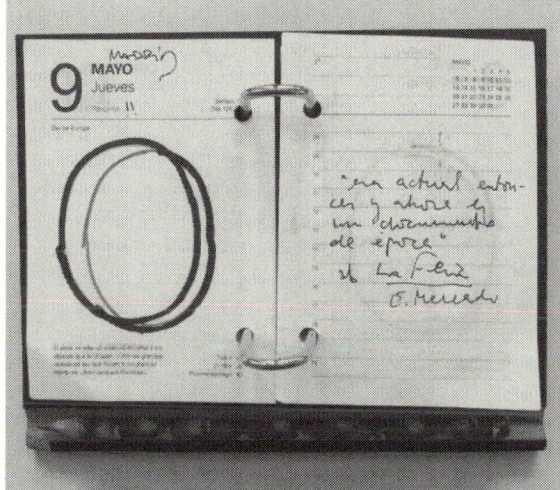

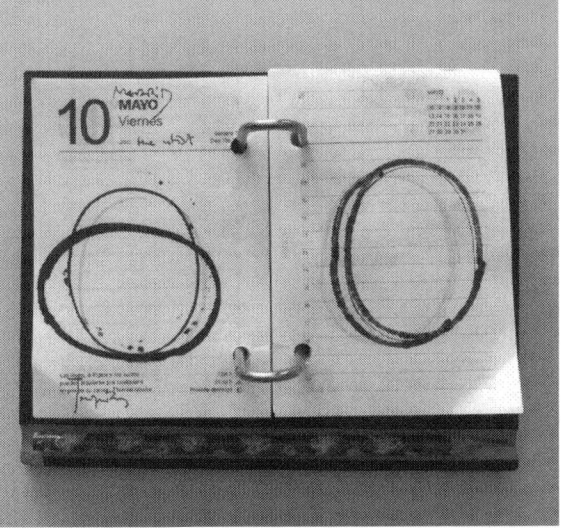

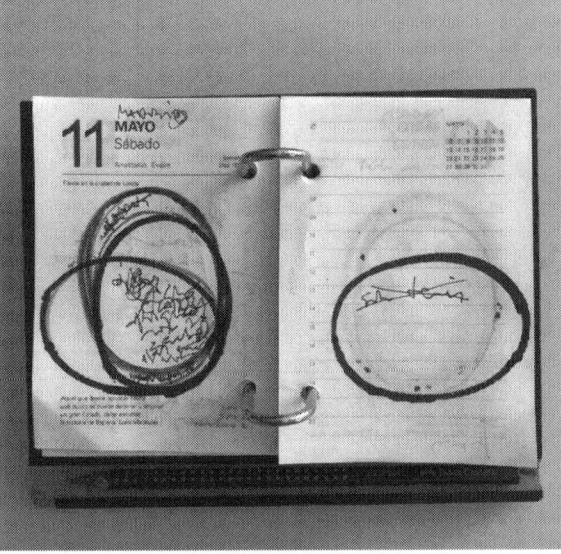

de mayo

escapa la vida
ganando velocidad
y libertad
como control
sobre la propia
es
lisboa
y el cuidado
es lisboa
el barco
los jerónimos
"la luz blanca"
topoi
topoi
para quedarse
é com saudades de mim
camarão tigre
grelhado
etc
cascais
pequeñas cosas
ainda

todos hablan
de sus madres
yo
conduzco
acepta
este óvalo
esta piedra
en la divisoria
con esa
sonrisa
cuando sabes
todas
las respuestas el discurso
republicano
de miguel
el fútbol
o el número favorito
ya lo habría
hecho
el que os mira a los ojos
el que os mira a los pies
un documento de época

que era actual
entonces
ahora
se adecúa
insensiblemente
job
el artista
las leyes
propias
madrid
tachado
sin tenis
como entre banderas
las turbulencias
de los umbrales
carlos mancha de dorado
al solo
en la luna
va entrando
lo verde
una final
y ni creer
con pelotas negras
pero vuelve
el tenis
es madrid

ça va sans
dire!
su problema era
el balón
oviedo volver
y mirar
de otra manera
no son las malas yerbas
el picos fue
un invernadero
de cerebros
celestino
me faltas
tanto ¿cómo
es estar
aquí?
es tu segundo nombre
guillermo núñez dice
          [pedro que decía
que el trabajo era
la meditación
ahora medita y después
dibuja lo que no existe
según borrell
no puede haber impedido
lo que ha ocurrido

la alegría
cuanto más se gasta
la relación con los
          [materiales
no es
de posesión sin dudas no
se existe
la sangre en el ojo de nuevo
sobre miguel
suárez no se puede hablar
todo termina aquí milán
de repente
hastío
madrid qué lindo
el dictado
del rojo
¿qué leer? ¿cómo leer?
ya ullán
si hubiera preguntado
en palma
a burrunazos
de puerto rico
lo trae gloria
mira a miró
en palma
pintura que baila

al norte y al sur
al este y al oeste
cambiemos el sistema
no el clima
subía goettler sabía
intentas hacer una de las
                    [cosas
más bellas
de la vida y te encuentras
con muertos
vienen aquí
ahora es porto cristo
mientras bebemos
y nos coronamos de rosas
deià o sóller volar
y
¡desastre! que no recuerdo
arde madrid
seguía ardiendo
al día siguiente
pero llegaron los amigos
sin hogueras
entonces se va
tomás ¿y quién despertará
con las palabras de los
                    [mudos?

quién despertará

quién despertará

quién despertará

y este ramito

en madrid nájera carlos

siguen sumidos

los árboles

sumisos

ese

siete

también

en toledo

de junio

como un balón
de estrellas de caligrafía
enmarañada
mente japónica
un delfín y un pájaro
de agua
para la paz verde del cambiar
el mundo
el solo árbol
sin fragilidad sin
vulnerabilidad sin
la caligrafía que
no entiendo no hay poesía
mekas yoshimasu
óvalo azul
san juan
óvalo azul
con punto
tomar puerto
jueves de prudente consejo
y camuflaje
ovalado

córdoba y por la noche
estómago
corazón que llegue
estás hipnotizado
ari andrés y lola
soy y tacho
porque hago
lo que me da la gana
se muestra
en bucle y no podemos
                    [apartar
la vista mi conciencia
no me deja ver
cuida tus actos
lo seco
también se moja
¿y hoy
qué campo
hay
campo? es martes
pero en madrid
mantener una cara

ser esa cara
y lo contrario
del
estilo
el mió verde
cuando alguien lleva una
                    [máscara
te dice la verdad dylan
valle faro
del norte
agachan la cabeza
y ven
la luz mar
que entra
un arco
simetría de caballos
en el lago del valle
mis hijos
y yo
nunca han ido
a somiedo
la carretera
y la luna sunday
morning coming down
apenas tres rayas
para dos óvalos

hoy de luna llena
como si fuera fácil
que tú máscara
sea tu verdad
intuición femenina
estilo
madrid de a dos
de a dos
y jueves
así comienza el verano
sin que lo entienda
hombre de la hora
chonci vedder
un desfile de antorchas
nada todo
es un milagro noche
tráemelo todo
felices aquellos
años lunes
y umbral
despedirse
cansa
los campesinos serían
de nuevo ¿esto
es una máscara?
si supieran

fiesta en la ciudad

de paula

balneario me ganas

te traigo dos óvalos

que

naturalmente

se unen

¿hasta cuándo? el día

en que el sol

se pone más tarde

más piedras en busca de lo

                [corriente

esta arena mojada

como huéspedes

correr

el poso

de leer

a benito

antes luanco

misunderstanding

marianne

de julio

a
a la luna
no
a otra cosa
y tacos yo quiero
algo más
lírico
tus sentimientos en
juego josé ignacio la
　　　[inconsistencia
de lo extranjero mirko
　　　　　[mañana
carne gobernada y b
benito no está en la luna
se extraña
mira la
entraña
paco antonio ¿quién
sobre
vive? no tiene tiempo
el poema
l. c. la

tierra earth
efe sepoc
femar dcno
mara nodi
ama die
maju
juju
jua
asep
maría lírica
salitre salgado
correr por la playa xagó
fran en la rula
sueño
su lengua es como una
　　　　　[caída
paraliza lo vivo
lo contrario
del espectáculo
de luanco a covadonga
orozco y el arte
sed sobrios

como una piedra roja   [long
alguien recuerda   un verdadero
a alguien   amor
el ritual   mío yo nunca me voy
es   a casar
necesario   porque no soy una
procuro hacer enseguida   [princesa
muchos óvalos   dos días antes del suyo
encadenados   la tecnología
rasca la piel   como pelea
enigma   y fuegos artificiales
pero   pie dura
no dejes el prado   del día del
la felicidad   carmen
monstruosa   contempla el agua
un prado esmaltado   correr
de caballos   en estos copos
de chus   prendidos
pato conducir   en pleno verano
con las ventanas bajadas   sin tu consentimiento
en luanco   predomina
el ocioso el profeta   el amarillo
arbejos somos   prórroga
y en el camino   es
nos encontraremos   esto
please see if her hair hangs   es un imán

atrae el caos
y la ocasión
campos de girasoles
cabezas gachas
¿saelices felices?
la mancha
mejora
alicante en la playa
de san juan
hacerlo
difícil
el calor es el tema
del verano salta se desliza
todo el día
un castillo o el titánic
otro todo
basta
todo no
tabarca mis periquitos
nos gustan las islas
dios de la carretera
y de la mente
viene la música
porque tú piensas
pienso en los grandes
                [trasatlánticos

más pudoroso
hay una alegría
en la casa
cada paso que da el zorro
casi recuerdo cómo era el
                [verano
de eugénio de andrade
xagó neil in the morning
when i wake up
and listen to the sound
of the birds
outside on the roof
brillar
y saltar
saltar una tradición
rebelde rañeces fruela
cada mañana corro asisto
al crecimiento del maíz
el olor a humo
me trae a mi abuela

de agosto

dejamos nuestras casas
        [cansados
nunca supe
lo que es el nordeste
las manchas
del puro instante el
        [estómago
imposible
luanco torazu
amada
paula
marta
fer
carlota caligrafía
roja y azul
cuando no tienes nada
que decir
lo dices mejor en tu lengua
materna kallifatides
el presente
del resto de tu vida
jose & marta

azor señor de la mañana
te saludo
apunta el jurásico
bancos de niebla
en el valle
de villaviciosa
maíz de la mañana
que a nadie hace
barbas
ya no chirrían
los frenos
de luanco a verdicio
caminar
es otra cosa
no salgas fuera
de ti
hablar bajito
es seis veces
ariel
convalecer
en verano
menos cama salir

es cometido
ir disfrazado
de disfraz
con fer
alegría y juego
de ataque
carmen y hermes
nico y mate
elliott murphy
en avilés
raro
casa
ni colchón de pluma
funeral malasangre
no midas los sacrificios bye
fran
buenos días
ejército de cuervos la tarde
heres
como un merendero
olas
olas
olas
barres volver
a
la linera

con
bernardo
valiente
pero en costuras
tanatorio casa no
pacientes los óvalos
no necesitan
nada
tacha el estómago
conducir juntos
hacia casa
la casi casa
novios
comiendo
sushi
la prudencia
no va
en coche
el señor de las vespas
la casa perfecta
compadrito
pasa
el tiempo
a
bolea
de conducción

tachada
el malhumor
inexplicable
como una mariposa

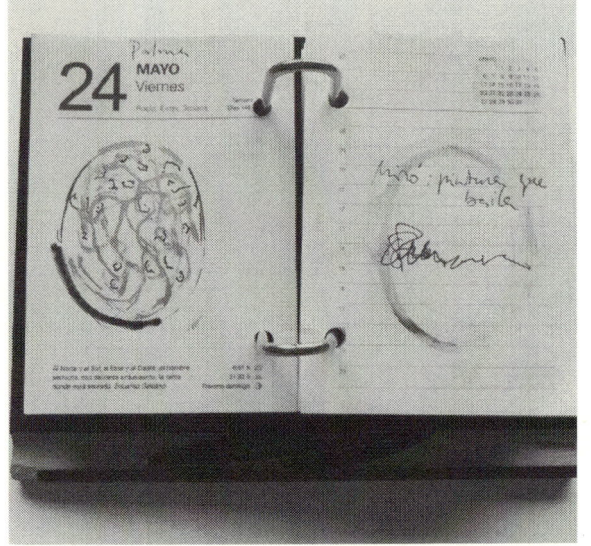

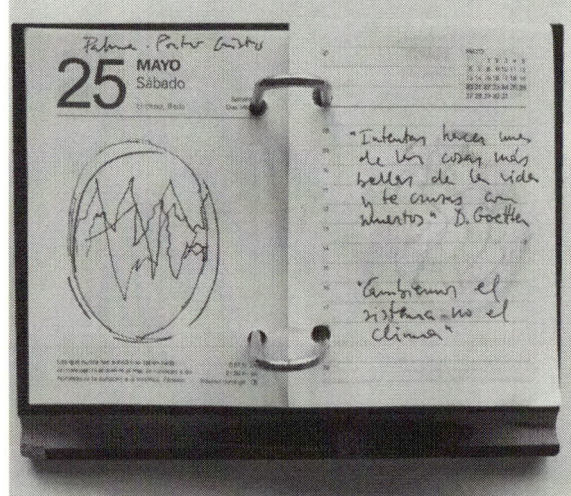

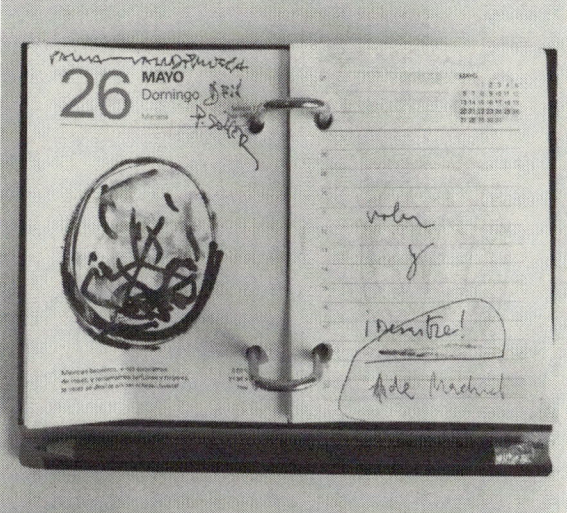

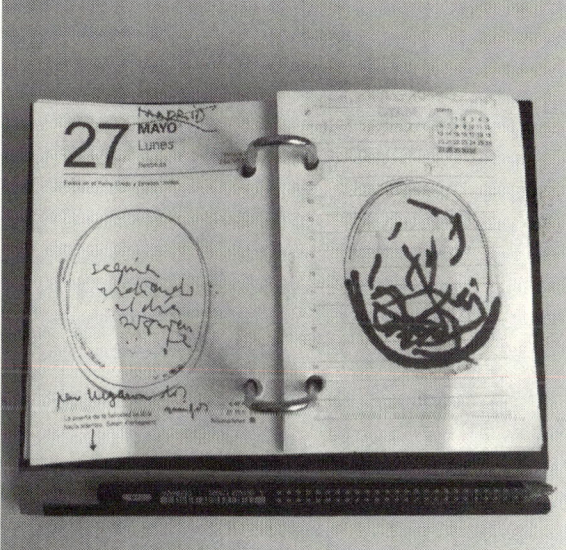

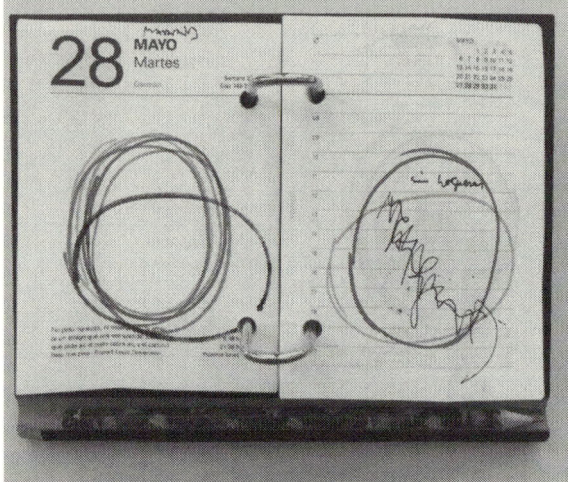

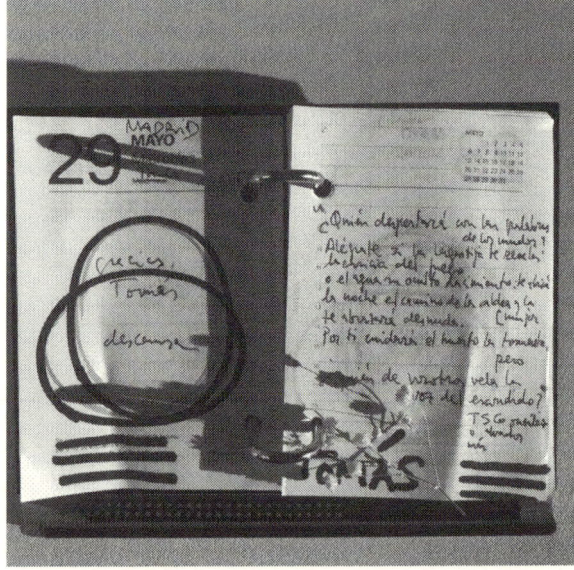

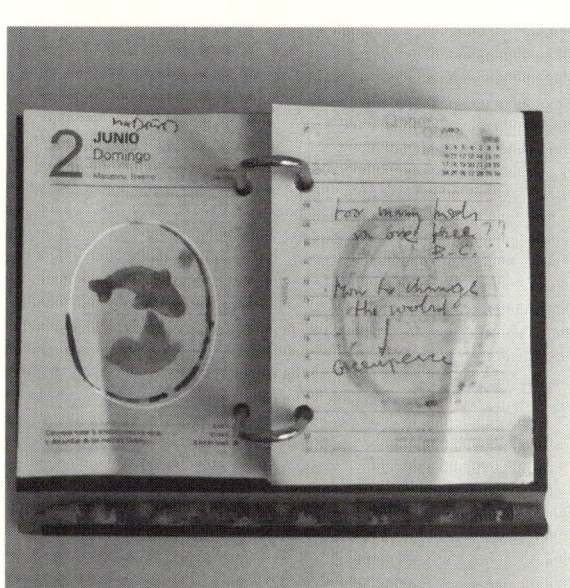

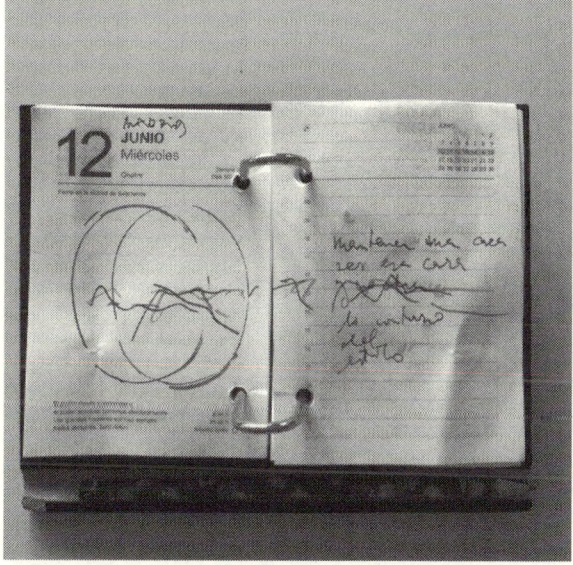

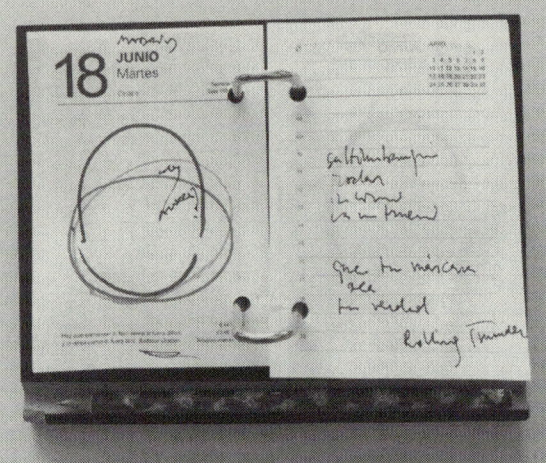

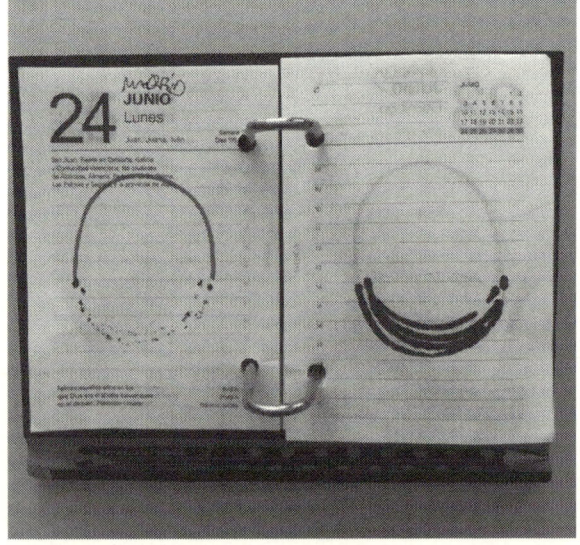

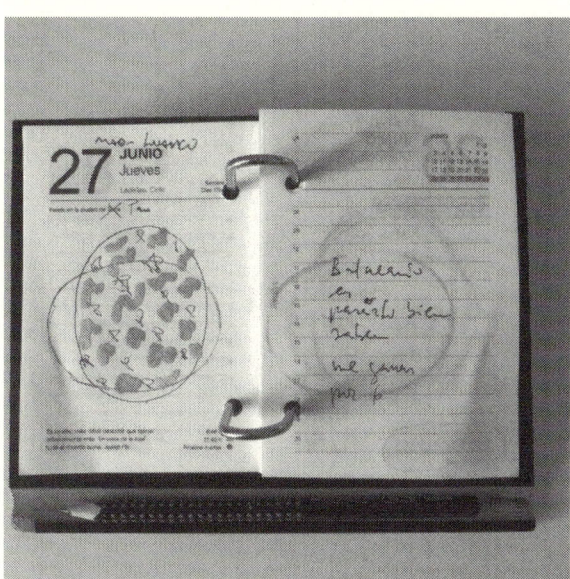

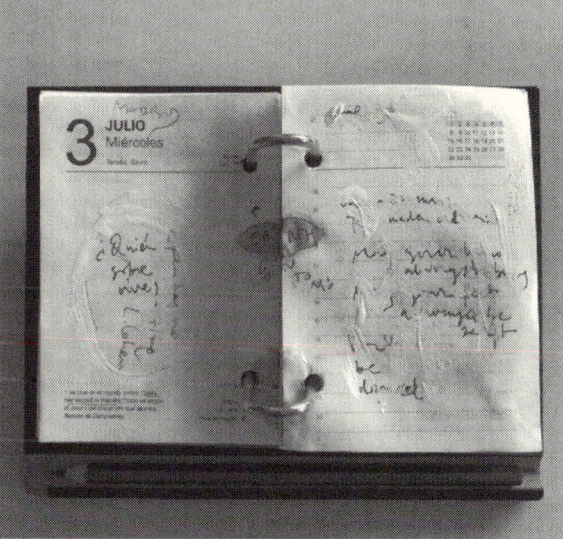

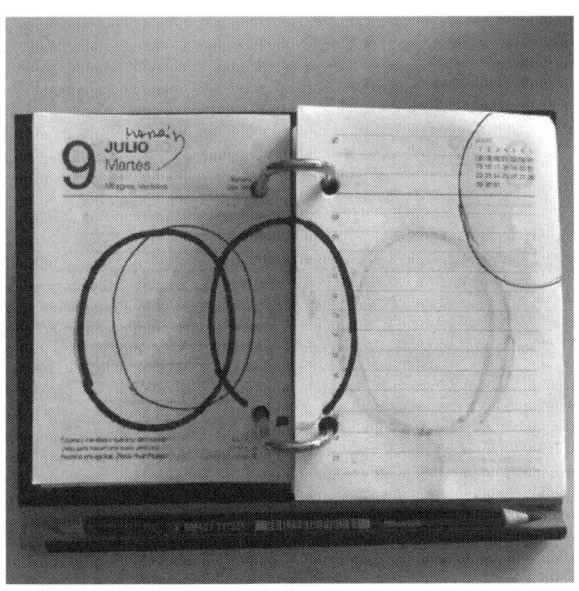

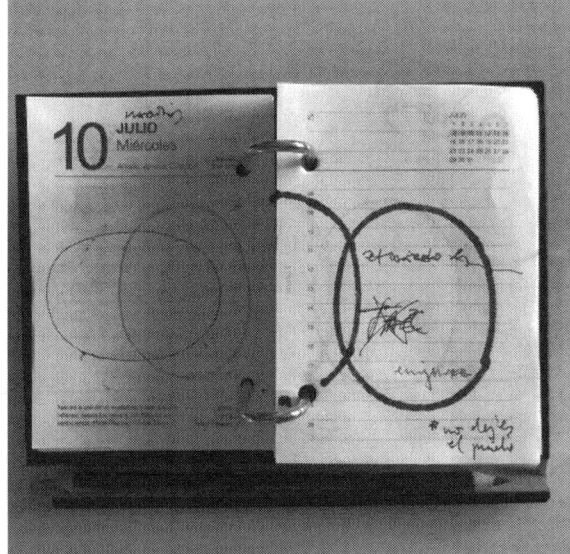

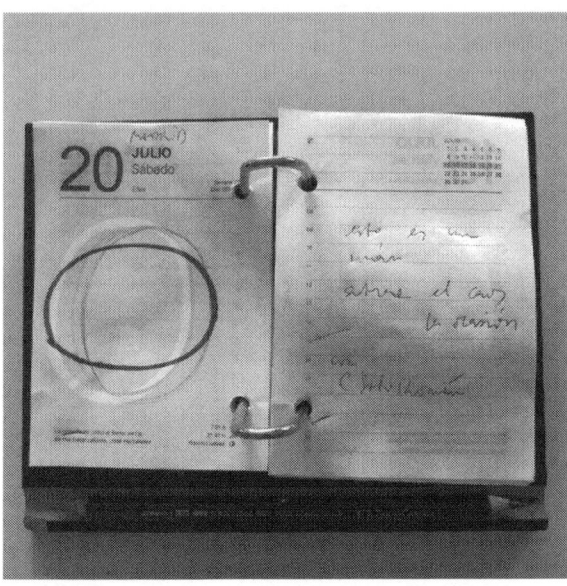

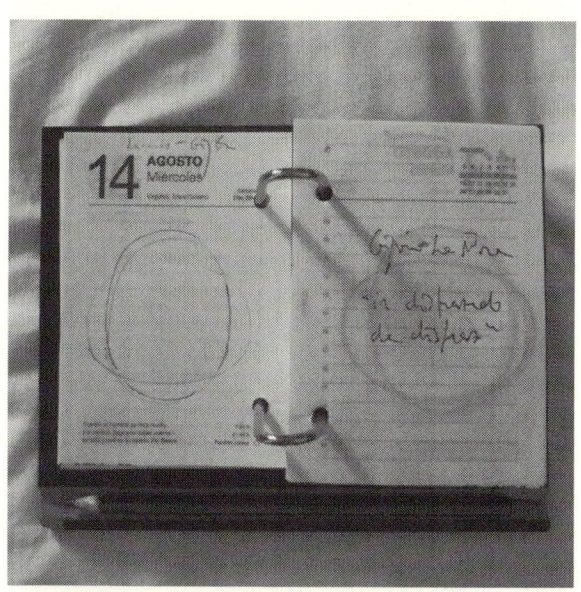

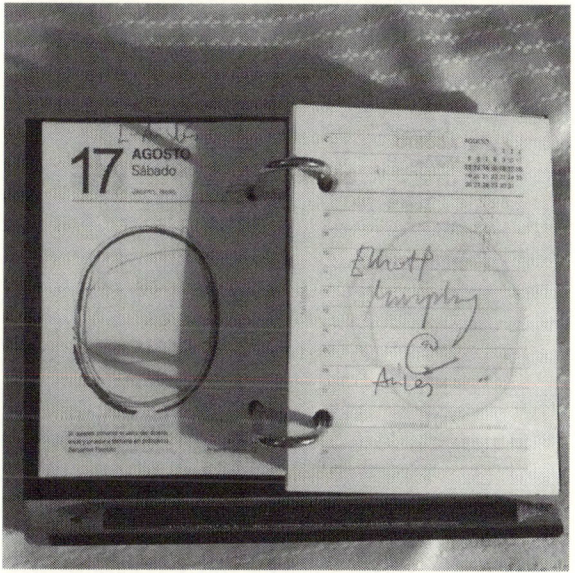

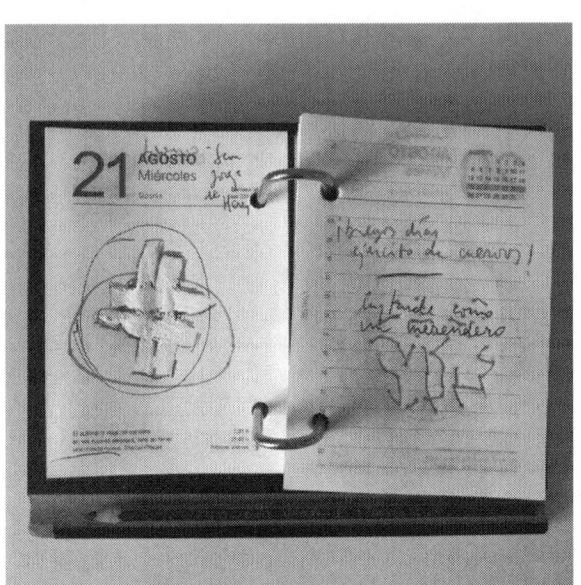

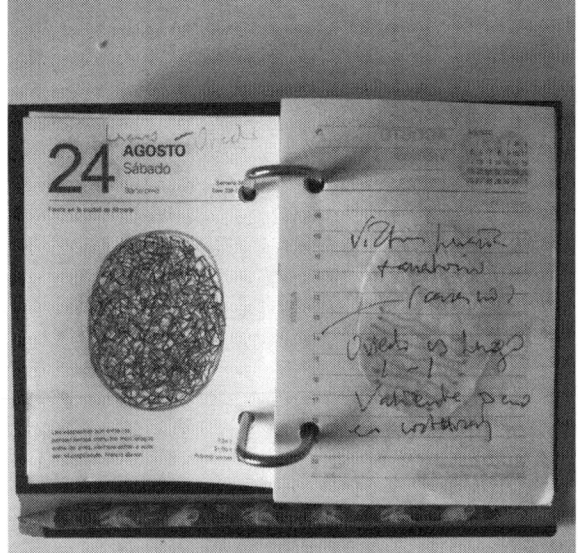

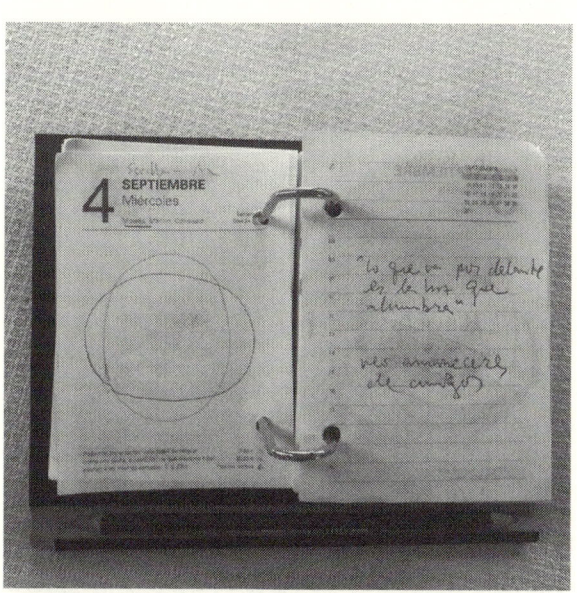

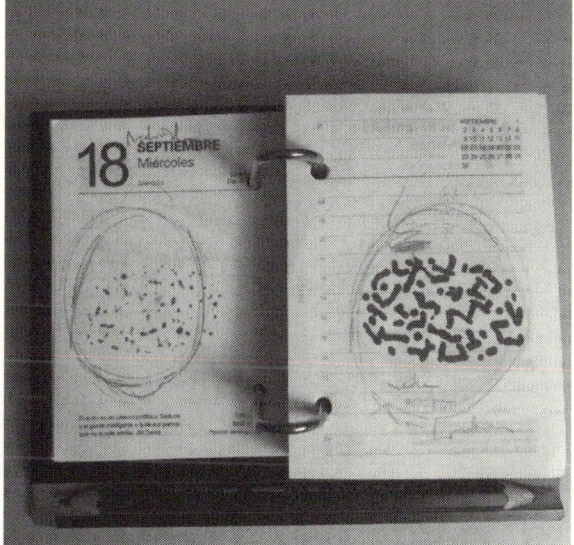

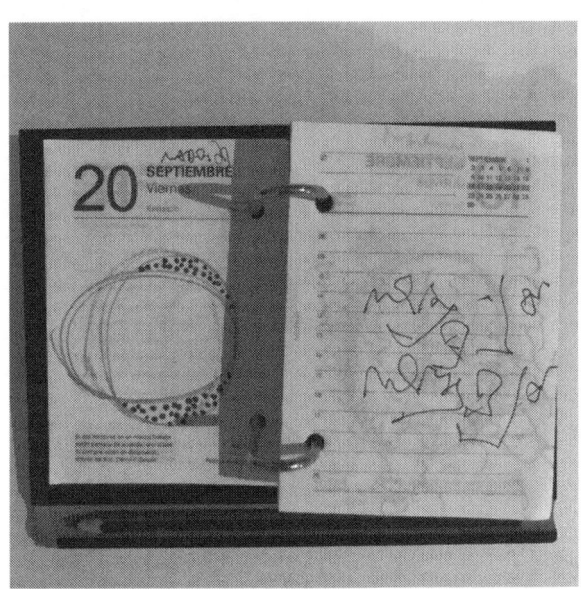

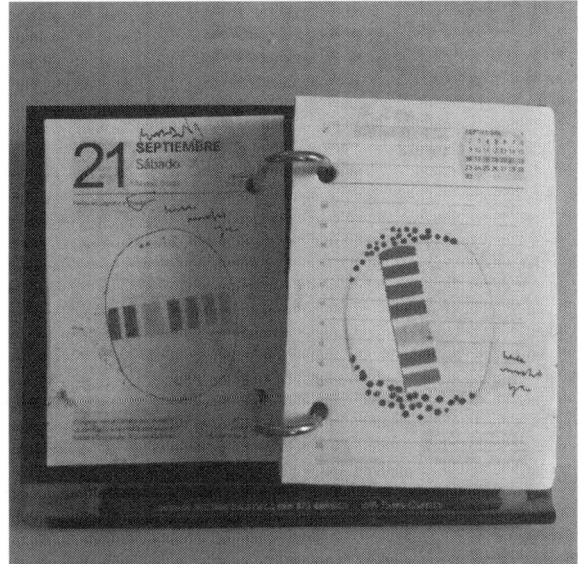

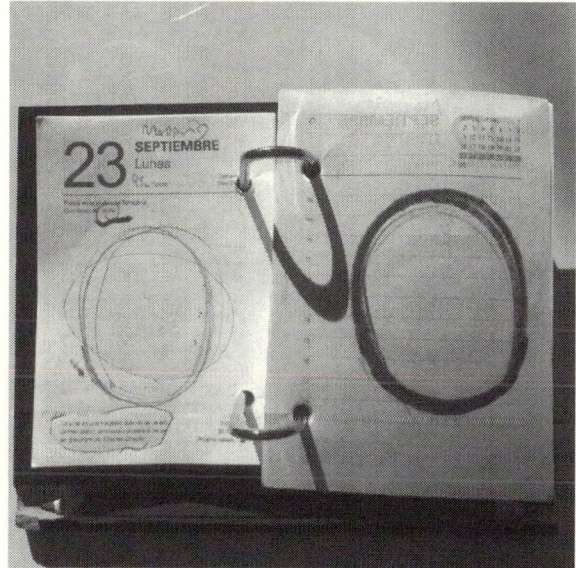

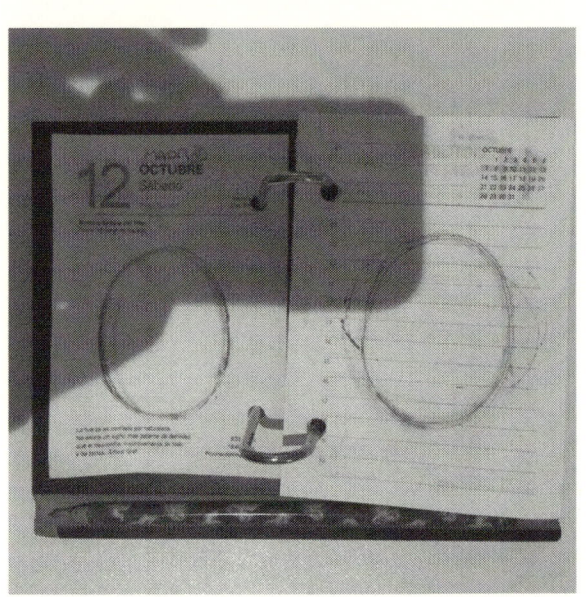

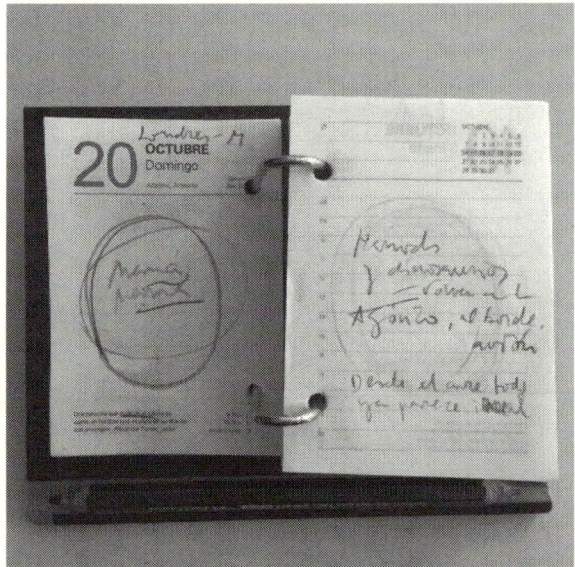

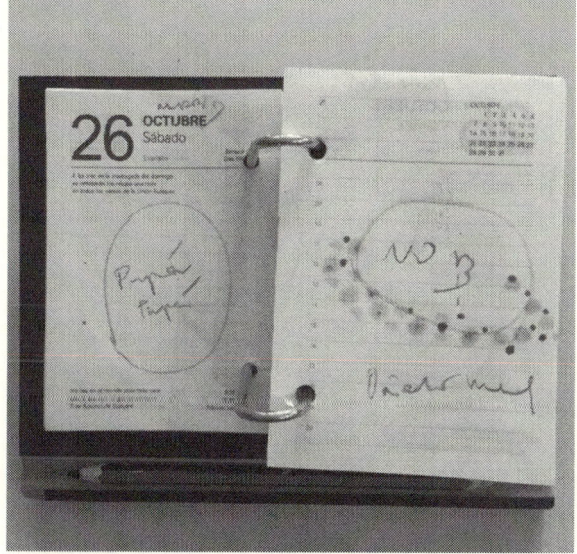

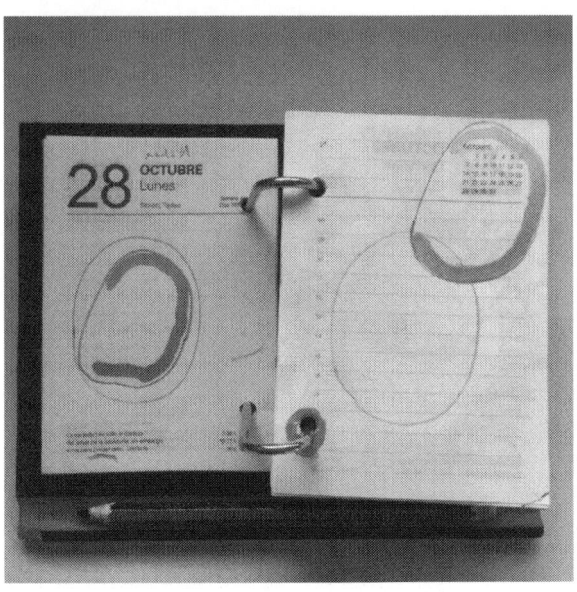

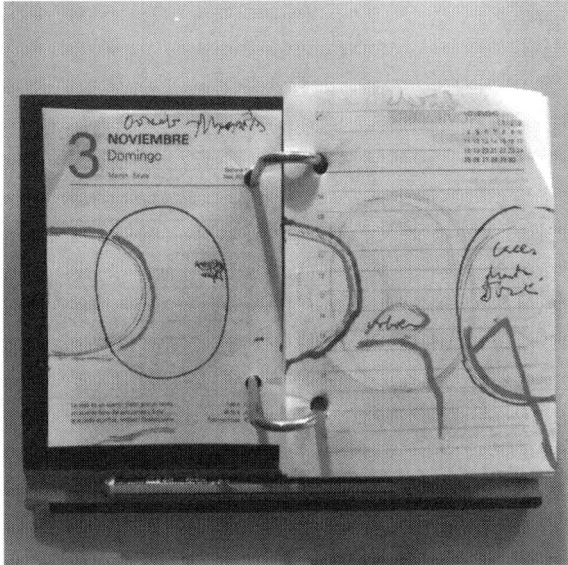

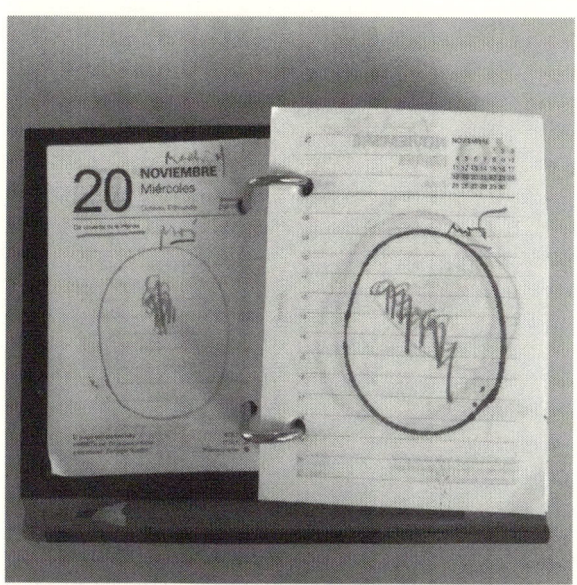

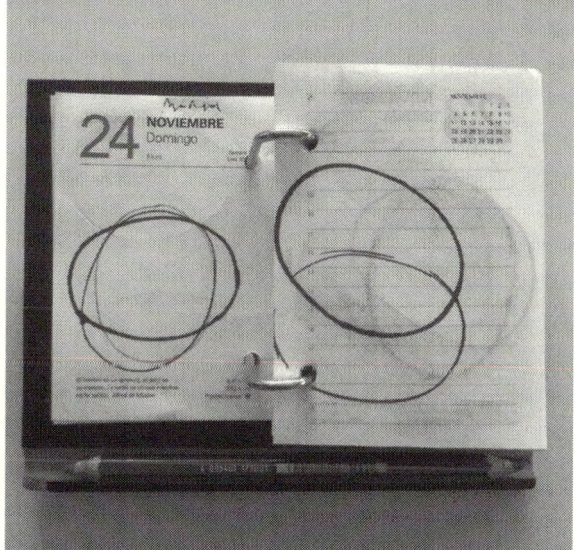

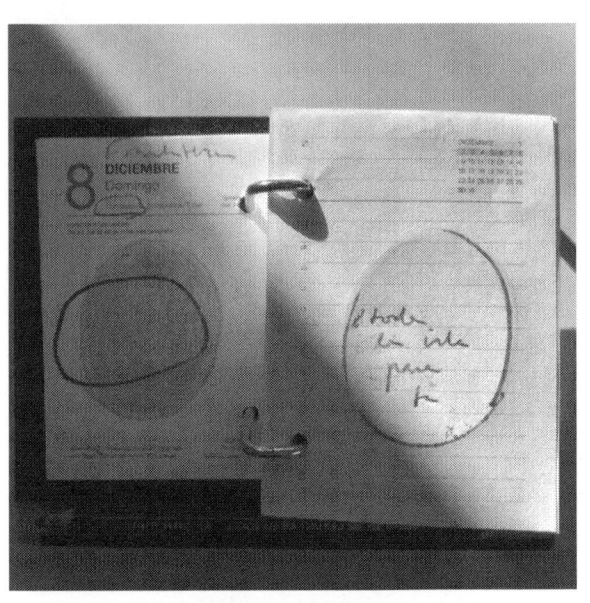

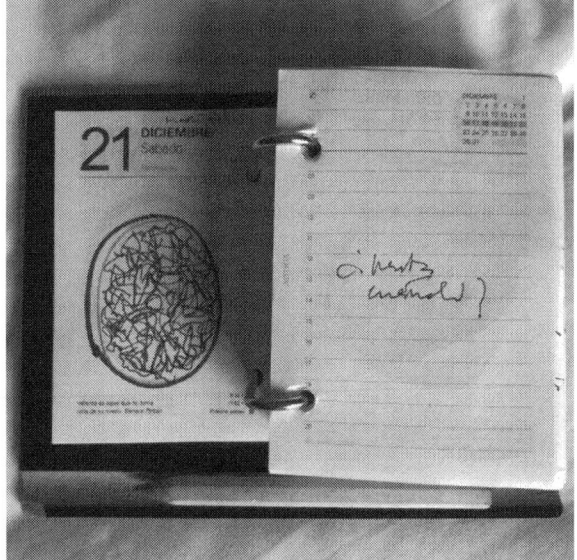

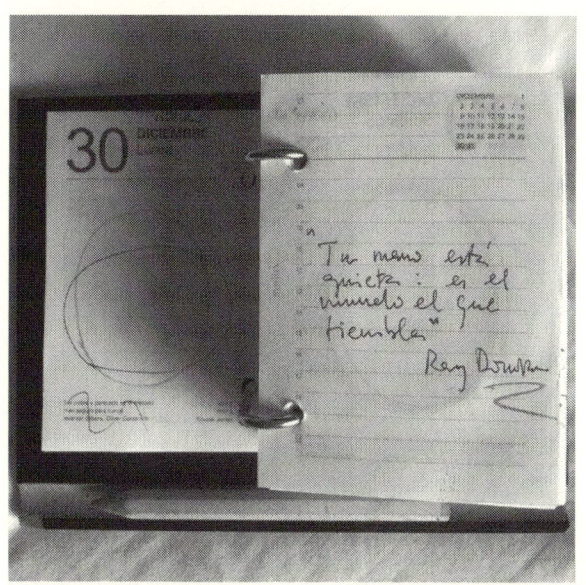

de septiembre

la ingratitud
en huchas
tu fe tu confianza tu
            [esperanza
ernesto & martica
busca
juan conmigo
a sevilla
salir temprano
relevancia de hacer
estar joan
con audacia
no está conmigo
moisés
pero lo que va por delante
es la luz que alumbra veo
            [amaneceres
de amigos
también sería
fabricante
de lápices
luanco madrid

hermosa simetría
de óvalos
encanto era
rearmar
la casa
es cierto rabhi
elaborar
un arte
de vivir
donde quiera se pueda
                [vivir
soy la kelly
de mi casa
rabhi mételo
en casa
¿qué hijos dejaremos
a nuestro
planeta?
ese gato
de la tarde
sin pantallas
que caminar no

cansa
muchos nombres
en la fiesta de bea
no estabas tú
redimirse
alcalde canteli marta
sánchez pa' los
paisanos
nueva piedra
del día
casero
estos colores encerados
para moi la fabada
    [dominical
la caída del oviedo
demasiado al este
tres azules
nos vamos
de paseo vamos
rozada
pésimo profesor
que no entiendes
tu caligrafía
you're a little
history
to me

recurre a los lunares
si la caligrafía
se enrevesa
el hombre que conmigo va
a san mateo
ya no va
cuánto cuesta
la leña y el arroz
cuánto debes
a tus padres
si el carácter
se inflama
nada hay
que hacer
el otoño
de tragedia
en primer plano
de comedia
en panorámica
chaplin
leonas de la noche
nos cuidan
orden en la casa
son
como nosotros
estamos los tres

y la casa
vacía
ya
llegas
cuando no crecen
disminuyen
vivimos en una época
en que
todo se derrumba
volver a algo
(que no
se entiende)
hasta sus gallinas
y perros
conocen la gloria
madrid
into my
arms

de octubre

qué limpios
óvalos
un
por fin
y muchos puntos
suspensivos
mira por mucho tiempo
para que lo mirado
peces de colores
entre en ti
mira por última vez
el lugar que dejas
tenis
en aravaca
viene marta
mushroom loaf
comisión
de negro
chus
seguro
observante
claudia dien

te de moi
mente
profunda
un reservorio
lírico
cuando la situación
es adversa
no la cosa mirada
lo que está a mano
como canicas
los durmientes
leo por dummies
no escriben poesía
es el hit
del verano
dice maurizio
esbozos
desenfocados
rositas
no hubo
¿espanya? no
dejes

el prado
bimenalia
nocturna
melancolía
medo
día
y muchos nombres
de amigas
óvalos
que son anillos
en londres kings cross st
                    [pancras
como
felices pesimistas
brexit no
l bus
en las cosas de
este mundo
pub sí
que siempre es
mamá
desde el aire
al borde agónico
todo ya parece
irreal
la burocracia

multiplica
mis dibujos
gracias
cuerpo
siempre estás
a las vivas
carlos si alguna vez has
                    [sentido
que caes
si la naturaleza del otero
te lo dicta
el hombre que no ha
amado
no va al fin del mundo
paco
por lo visto sí
reyes
la losa en su
lugar
de testigos
felipe marcela
go chus
y una ristra de asteriodes
papá
papá
no hay cosa

en el mundo
es domingo
en la casa de campo
mejoran los buenos
preserva
su marca
solo marcas
mi maraña
sal del
corazón
ya
el microondas
te estoy diciendo
que ya lo bajaremos en
         [otro momento

de noviembre

si voy a bimenes
todo tachado
¿qué va a pasar? ¿qué
    [vamos a hacer?
en españa
en oviedo
caces y volver a
un cuento
dicho por un idiota
en madrid
de otoño el lunes
al sol
madrid deseo
estancado
veneno
por lo visto
no hubo día
en el calendario no hubo
si hay que arder
se arderá
pero a ver cómo se arde
en valencia

vik antonio
liminal pablo
laura la poesía
es la hija
ilegítima
del lenguaje
saluda y da salud
vincula
lo que no entiendes ahora
ver al mundo tal cual es
y encontrarlo bueno como
muchos óvalos
de colores
fuck vox
rosalía
en el desconcierto
dejan tanta mancha
¿de verdad?
madrid con andrés
anwandter el presente
de la performance
es lo que pueda ofrecer

la poesía

andrés es un pozo

lento

me gusta el arte

en que se nota la costura

porque ahí aparece

el sujeto

a todo chancho

aceites de verbena inés

cocina cosmopiolita andrés

crecer hacia dentro

chucao

de bimenes a chile

en un momento

ordenar

ordenar

una cabeza

ennegrecida

aquel entonces

cuando

cortábamos

leña

cuando a la hora

de la comida

los platos están vacíos

el día universal de la

[infancia

es el día de moi

yo lo escondo todo

en poemas

pero aquí no

toca campanas a voleo

ildefonso

sin preguntarse por qué

el derecho a cambiar

de pregunta

imparcial

ildefonso

me vuelvo

transgénero

¿qué es la moda?

fastos

fastos

de moi

madrid

flora

de anillos

el centro de

un paraíso

madrid

vs

psg

gran ventaja

sobre los razonamientos

un tercio

de la vida

durmiendo

la cruzada

antonio

juancho

benito

paco

la forma de razonar

del alma

la cruzada

iluminada

mejor no tener

razón

no quererla

lo que duele

lección de perfil

bajo

quédate en la sobriedad

de diciembre

no entiendas
no digas
tanto más dificilmente
       [sospecha
benito en la central
¿y si no hay verdad?
dimos un paso adelante
fuimos a por el partido
en madrid que no se
       [rompa
lo que pudo
haberse roto
ya fluir
basta
ibiza la lengua
radicalmente
pública
esto es una isla
por palabras que no
entiendo
azogue lancha quizás
vivir en

una isla
algún día
atardecer no
guarda estas calas
para el invierno
formentera concepción
el día en que el sol se pone
       [más temprano
toda esta isla
para ti
el día del zorro
vulpes
para el que
no sabe
ernesto
nacho las historias
de john
berger la focalización
daniel proteger
un interior
preciso
restos de pelo

y pensamiento

el jinete

daniel rosa piera

la poesía

no admite el estilo

indirecto

nave

oporto

tacho

el monopoli

casero

no puedo o no pudo

ser

eco

de vida

reluciente

como nos importa

esperanza

y esperanzas

tratados de paz

caminos

a la felicidad

y no perdona a nadie

provencio un delicado

recoger

trozos

¿hasta

cuándo?

una alegría

compartida

mamá

papá

pablo

carmen

alba

eva

chals

fran

nochebuena

no hemos buscado

bien

comienza y termina

villabalter es

una casa conducir

con estos

es fácil

fer hermes

fonso isa

marijose vitines guada

karlotti

elo rafa

conducir

con estos
es fácil
si llevas aceite
de palma y
te caes
palmas
bimenes la ironía
es ¿volver?
tu mano está
quieta: es el
mundo el que
tiembla
ray donovan mamá
no dejes
el prado

como una corona

como una corona

esa luz que viene de arriba
y estos días yo también miro el rosal
conversaciones de pájaros

como cambio

presta

atención

acepta acepta

como una corona

lo más despreciado
era esencial

era social

como una corona

que frena el calor

pero no lo suficiente

la reclusión que no duermes
el cuco cuclillo cuquiellu

o búho curuxa temprano en la cabeza pitido oído

este aquí esta cocina luz que cae

del cielo al destruir ecosistemas

incurrimos

en riesgos

este aquí esta cocina luz que cae

este aquí esta cocina luz que cae

como una corona

el deseo de hacer
poemas
salir
al bosque

o en una ventana
contenerlo

tórtola
mirlo
lavandera
gorrión
jilguero
no van a las dos
naranjas no van comederos
suspendidos

gaviota
de ala chueca
y basura
esparcida

brubaker de jardín

también

suspendido
suspendida

y se comienza a oír

como una corona

toda la mañana oigo tórtolas y gaviotas

una seta sin raíces sin ramas ni flores

si vives
vive

porque sí

ni un
solo
copo
cae

donde no debe

si quieto
si estás quieto

los animales vienen

como una corona
quiero el tigre y quiero el rosal

ver cambiar las estaciones

cómo decimos adiós

lo que te pasa es que quieres que yo vele

verlo venir

brotes

contra el
brote

este aquí esta cocina luz que cae

como una corona

una habitación con eco
y dos ventanas

el mundo ladra

mis yemas endurecen
salitre a la puerta

vimos venir

la primavera mientras
nos llenábamos de cartones

queriendo tocar

tensión
y
sentido

como una corona

los policías se arrodillan
twitter crece

por la derecha
lufthansa se reestructura es
rescatada

los seguimientos

aleatorios y una mano

en la biblia
el aire libre

como corona
como aula
aliada
no permitamos que

la bota

del fascismo
aplaste
el cuello
etc

debemos aprender
etc

a aceptar
la incertidumbre
dice mariano
que dice
la poesía
etc etc etc

del dialógo
que somos
algo que

sin fijarse prenda

prenda
confinados con

nosotros mismos

como una corona

cómo decíamos
adiós

si paraba me comería
vivo el caos

con coraje para apreciar el pasado

simplemente dilo

este aquí esta cocina luz que cae

como una corona

la primera vez
que te conocí

una ventana al jardín y otra a la calle

una ventana
al jardín y otra
a la calle

una ventana al jardín y otra

a la calle

asume la incertidumbre sé

como una corona

estoy sentado y lágrima
y el perro ladra

té verde ojo de pez
la tensión

del anacoreta
la
ocupación

payaso
profesor
poeta

llueve pero aún hay voces
y tórtolas

me gusta estar fuera

y leer dentro

monasterio
interior

como una corona
de naciones

pero no escribo

de naciones

esta ventana alta sí
este salón dice de baile y escupideras

pero las voces
y el perro
y el mercado que vuelve
de mañana
¡hala!

como una corona
puerta silla flor
estas imágenes de john

berger y la fijeza de prado
alpino barbacoa de salchichas ropa

tendida dibujos en la pared las

grietas de
aquí allí

pensaba en

una casa

con cimientos

oye

qué pasa con
el ganao

como una corona

orbaya después de que cayera
el
cielo

mitología romántica
sí
pero es
mi mitología

como una corona
de repartidores

esta noche el viento tira las sillas las desparrama
por el jardín

mira la piedra insúltala
qué pasa

leve el martilleo en la tarde bajo

la claraboya

investiga
un huerto

como una corona
cruzan muchos días

tantos halcones
aún no
aún no
los hemos matado todos
ahora

con las mascarillas
como ellos somos
solo mirada

como una corona
ritual aperitivo

cerveza patatas aceitunas
banderillas

te habías mojado
las zapatillas
playeros en la ramblona

la cara seca

george oppen tiene
la cara seca
de mi abuelo

como una corona
piensa en tu padre

sin bozal piensa en tu padre
sin aprensión piensa en tu padre
sin inspiración piensa en tu padre

fracasará la representación

como una corona

una paloma choca
contra la ventana choca

como una corona
en la foto
patético el fragmento
del dedo

como una corona

empezamos a no ver marcas en el aire
y sí halcones

el agua estaba limpia y el año

flotaba la ropa
en tu madre

cada día frente a la pared
graznaban gaviotas

como una corona
el lugar de la nieve
no existe

serena

creo que este año
merece
un asterisco

este aquí
esta cocina

asterisco
jardín pájaro asterisco
habitación asterisco este
cartón asterisco
dormir muy juntos asterisco
brote asterisco ecosistema asterisco

este

como una corona asterisco

como una corona

este aquí esta cocina luz que cae

no dejes el prado

"Primrose,
no dejes el prado sin caballos, sin pan del día las casas,
los arroyos sin reflejos"

Miguel Suárez, La voz del cuidado

1.

el agua que cae a mansalva contigo el amor se hace
no dejes el prado helen dice kéfir grain to grow at
home no dejes el prado el espíritu como
recompensa en mis brazos no dejes el prado

2.

agua a mansalva no dejes el prado

3.

canulación de vena
yugular interna derecha
contigo el amor

paso de guía a vena
cava inferior
contigo el amor se hace
                    no dejes el prado

4.

las imágenes del cuerpo son aéreas mira la nieve
del pueblo en que nací miran muertitos las nubes

calabaza la casa es un búnker el ojo exige nuestro
interior destapándose no dejes el prado

5.
la incisión oblicua
creación de bolsillo
subcutáneo con disección
                              no dejes el prado

roma creación de tracto
subcutáneo
roma creación de tracto
subcutáneo
roma creación de tracto
subcutáneo
                    no dejes el prado

6.
si siemprevivas amarillas te traigo mis muertitos
atentos nos mojan no dejes el prado hoy vino para
papá vino submarino hoy la familia feliz la
monstruosa hermosa pienso que la muerte es muy
hermosa por eso no te mueres miran muertitos
las nubes no dejes el prado

7.

hoy los pueblos luchan contra la nieve en 1938 la
guerra de los mundos provoca oleadas de pánico
nuestros extraterrestres a raya no dejes el prado
ni laura ni torso desnudo que una mujer corra y
no por miedo no dejes el prado roy con miedo
corre no dejes el prado

8.

calambrazo
tu sabor
raro en la boca
pon los guantes el hígado a raya
pero
las nubes
       no dejes el prado
       no dejes el prado hoy

9.

no es consuelo pero cura hoy y venecia anegada
todo lo veo desde fuera desde fuera soy penélope
desde fuera la poesía
precede no dejes el prado

10.

todo lo que sé todo se relaciona al tiempo
vulnerado le salen brillos susurro que apacigua
tus noches que llenda tus noches documento el
día la evolución del ánimo tan poco que decir/
tan urgente/ decirlo la historia desaparece no hay
historia karma televisado no dejes el prado

11.

moderno sentimental severo como un búho
meditativo póstumo abraza abrazo la confusión
no dejes el prado pero reconecta con tus fuentes
de esa urgencia haz lo único filtra tu necesidad
nada es lo que parece no dejes el prado no dejes
el prado

12.

como cuando me pierdo la alegría de mis hijos
como cuando me pierdo la alegría o la oigo desde
afuera sin mirar hacia atrás ni adelante parque
blanco no dejes el prado

13.

corro nado me limpio cielo liso corro veo plumas
de cuervo humillación más grande que existir no
no dejes el prado

14.

la escritura ha muerto y tengo miedo las grietas
del sendero los pinares las disciplinas rayas del
cielo convergen se cruzan dibujan humillación
más grande que existir no hay los pinares curvados
y la disciplina corporal las grietas del sendero los
pinares la disciplina la grieta del sendero es el
sendero corro nado vuelvo limpio

15.

corro veo cadáveres libres
cielo liso y rayado

la lluvia lo detiene
y atropa la coincidencia
agua a mansalva
calambrazo
de nubes

16.
reconecta
roma creación
paso de guía a vena
yo no paso paso eres tú
mi
me
contigo

se hace
se hace
contigo se hace

17.
nada es lo que parece
nada significa
solo cosas
que con el lenguaje

      no dejes el prado

      no dejes el prado

      no dejes el prado

no dejes el prado

no dejes el prado

no dejes el prado

no dejes el prado, Paula

Nota

Las poemas de la sección "mientras gobiernan mis días" son prolongación de un proyecto anterior y aún no completo.

Calculo que el jueves 10 de enero o quizá el viernes 11 de enero de 2019 compré un calendario de mesa MYRGA en la extinta papelería Salazar de la calle Luchana de Madrid. Como en su interior se explica, estos tacos ofrecen información diaria sobre: días festivos que se celebran en toda España; días festivos en Alemania, Francia, Italia, Portugal, Reino Unido y Estados Unidos; calendario del contribuyente; las horas de salida y puesta del sol en Madrid; las fases lunares, eclipses visibles desde España; el comienzo de las estaciones y "otros datos útiles" (a pie de página una cita, un verso, un proverbio, una meditación). El 13 de enero empecé a intervernir ese calendario sin rumbo pero con cosquilleo y perserverancia diaria, página a página: un circulito al principio (luego cientos de contornos de aquella piedra que habíamos cogido premonitoriamente en la playa de Xagó), una anotación y progresivamente más muchas demasiadas apenas más, manchas, collages, citas, tantos nombres, subrayados, tachados, grafías imposibles. Cada dia, una vez terminada la intervención, tomaba una fotografía del calendario con lapicero sobre fondo blanco y la subía a mi cuenta de Instagram. El 31 de diciembre de 2019 posé la piedra en el calendario y subí la última foto.

Se entiende entonces que cada palabra de estos poemas ya había sido escrita y las imágenes que aparecen en la sección dan la pista de ese trabajo de acumulación y acarreo, también de una transmutación, que puede consultarse en extenso con este código:

@MIENTRASGOBIERNANMISDIAS

Si hablaba de "mientras gobiernan mis días" como proyecto incompleto es porque quedaría una última fase tan pendiente como abierta a la colaboración. Este sería el plan: se expondrían las imágenes impresas por orden cronológico; se convocaría el encuentro y se acordaría un

plazo (una semana, un mes) para vender los días (sí, esco-
gerías el tuyo o el que fueras a regalar y, con ese gesto tuyo
y solo tuyo, aquella vida intransferible mudaría en *souve-
nir*); se documentaría, por último, fotográficamente la
culminación del proyecto —o, lo que es lo mismo, su des-
membramiento, su desaparición—.